北语对外汉语教学法研究丛书

主 编 崔希亮　副主编 鲁健骥

对外汉语读写课优秀教案集

北京语言大学出版社
BEIJING LANGUAGE AND CULTURE UNIVERSITY PRESS

图书在版编目（CIP）数据

对外汉语读写课优秀教案集 / 崔希亮主编 . -- 北京 :
北京语言大学出版社 , 2016.3（2024.8重印）
（北语对外汉语教学法研究丛书）
ISBN 978-7-5619-4452-3

Ⅰ. ①对… Ⅱ. ①崔… Ⅲ. ①汉语－阅读教学－对外汉语教学－课堂教学－教案（教育） ②汉语－写作－对外汉语教学－课堂教学－教案（教育） Ⅳ. ① H195.3

中国版本图书馆 CIP 数据核字 (2016) 第 045890 号

对外汉语读写课优秀教案集

DUIWAI HANYU DUXIE KE YOUXIU JIAO'AN JI

排版制作：北京创艺涵文化发展有限公司
责任印制：邝天

出版发行：北京语言大学出版社
社　　址：北京市海淀区学院路 15 号，100083
网　　址：www.blcup.com
电子信箱：service@blcup.com
电　　话：编辑部　8610-82303647/3592/3395
国内发行　8610-82303650/3591/3648
海外发行　8610-82303365/3080/3668
北语书店　8610-82303653
网购咨询　8610-82303908
印　　刷：北京鑫丰华彩印有限公司

版　　次：2016 年 3 月第 1 版　　印　　次：2024 年 8 月第 4 次印刷
开　　本：787 毫米 × 1092 毫米　1/16　　印　　张：12.75
字　　数：204 千字
定　　价：45.00 元

PRINTED IN CHINA
凡有印装质量问题，本社负责调换。售后QQ号1367565611，电话010-82303590

总序

崔希亮

喜闻北京语言大学前两轮教学观摩研讨活动的建设成果荣获2012年北京市高等教育教学成果一等奖，甚感欣慰；第三轮活动——对外汉语读写课教学观摩研讨活动的成果又即将面世。一项活动能持续五六年而不衰，既有赖于北语人对汉语教学事业的热爱和不懈追求，也有赖于汉语国际教育形势大发展的客观要求。

成果命名为"国际汉语教师专业发展实践探索"，我看到了教师的质量与人才培养质量的密切关系，而"观摩、讨论、研究"的方式则为教师的成长提供了一种途径。教育改革的成败在教师，只有教师专业水平的不断提高，才有高质量的教育水平，因此教师专业发展成为世界教育改革的共同目标，从这个角度来说，这样的建设成果弥足珍贵。为此，与教师发展息息相通的两个问题，教师的知识与能力、教师的学术自觉，就必须给予高度的重视。

一个高素质的汉语教师，应具备什么样的知识结构和能力结构呢？要教外国人汉语，教师自身应该具备汉语知识、外语知识，还要具备语言学知识、教学法知识，另外，中国文化知识和百科知识也很重要。能力结构应该怎样？我认为，汉语教师应具备较好的语言表达能力、理解能力，具有发现问题、独立研究和解决问题的能力；要有跨文化意识、尊重不同民族文化的文化敏感性；要有知道怎么控制课堂节奏和课堂气氛的管理能力；去海外任教还要有外事交往能力。此外，还应该有一些才艺，如会打太极拳、会书法、会做饭等，要有一技之长。汉语教师是杂家、全才。

曾经有人认为教外国人汉语是小儿科，没有什么学术含量和技术含量。现在这种看法不能说完全绝迹了，但毕竟已经很少了。我们且不说汉语国际教育这个事业有多么重要，单就汉语教师这个职业来说，它也是三百六十行中一个不容易做好的行当，我们要把它当作一个具有特殊要求的职业来看待。

语言教学是一种实践性很强的教育行为，在这种教育行为的背后存在着各种各样的学习理论和教学理论。毋庸讳言，就我们目前的知识范围而言，我们还不能明确地知道语言学习的奥秘到底是什么。为什么孩子学习语言的能力优于成年人？为什么女性的语言能力优于男性？在相同的课堂环境中为什么学习成绩会出现那么悬殊的差异？学习汉语和学习其他语言是否遵循相同的原则？我们的很多教学研究也还没有完全跳出西方语言教学的理论框架，以汉语作为第二语言教学为出发点的细节研究还很不充分。我们对汉语本身也存在诸多疑惑，如为什么韩国学生常把“釜山”说成“普山”？为什么美国人常把“人”说成“ruen”？为什么“我爸爸”“我的爸爸”都可以说,“我的猫”不能说成“我猫”？我们的汉语教师在具备必要的知识和能力的同时，还应该研究汉语学习问题、汉语教学问题以及汉语本身的问题。如果不具有学术自觉和理论准备的话，我们很容易在各种理论、各种问题面前迷失自我。

真正适合汉语教学的经验和理论需要第一线的老师们去发现、实践并总结。学术研究的目的是为了解释现象、解决问题，因此所有的理论都应该建立在对问题的观察、分析和解释的基础上。汉语作为第二语言的教学研究更应该从问题出发，以问题为导向开展研究。我们提倡用教学来引领科学研究，先有教学实践，而后才有研究的问题；我们也提倡用科学研究来促进教学，提升教学质量。没有科研保障的教学是没有底气的。基础理论研究和应用研究，两者都重要，并应找到一个合适的接口。

在教书和研究方面，汉语教师是介于学者和匠人之间的一种特殊人才。汉语教师不仅要做一个匠人，还应该做一个未知的探索者。学问之间是相通的。赵元任先生学的是物理学和数学，朱德熙先生本来是学物理学的，周有光先生本来是学经济学的，后来他们研究语言卓有成就，都成了语言学的大家。探索就需要广泛涉猎，教师要通过阅读不断充实自己。古今中外，多读一点。每个人每年都要定一个读书计划。这似乎是老生常谈，可是现在的确有很多人不读书。一个不读书的民族是很危险的。

总之，教师要有学术自觉，要融通，要超越。汉语教师要有好奇心，做个有心人；要有书卷气，不断充实自己；要有烟火色，了解各阶层人民的生活；要有雨露功，教书育人，润物无声。

教师还要有赤子之心，我们要把汉语教学作为一生的事业，不要仅仅把它作为谋生的手段。汉语教师应该敬业、乐业，以此为荣，以此为乐。乐在其中，那么就可以达到鲍照所说的“荡然任心，乐道安命”的境界。至此，教师的发展也才达到一个较高的境界。

是为序。

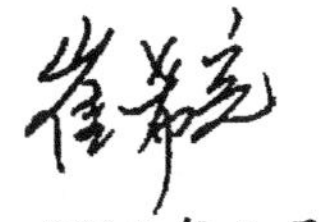

2016 年 1 月

前言

2013年，北京语言大学教务处会同对外汉语教学各学院组织了阅读课和写作课的教学观摩活动，本书就是从观摩课中选出的9份教案的汇集。9份教案中，阅读课有6份（中级汉语阅读2份、高级商务汉语阅读2份、中级新闻阅读2份），中级、高级写作课各1份，读写结合的1份（初级），大致能够反映出阅读课和写作课这两种课型的全貌。

关于教案，前两次观摩课（综合课、听说课）优秀教案集的前言中已经有了全面的论述，反映了大家的共识。应该说，目前三个学院都已经形成了比较成熟的教案范式，所以我们现在所见的教案，写得都很规范，特别是，由于各学院对观摩教学的高度重视，这次观摩课的教案其实都是集体智慧的结晶，因而具有代表性与引导性。当然，观摩课的各位教师也付出了辛勤的劳动，对所教课程进行了精心设计，体现了其个性。

像前两次观摩活动一样，每份教案都请专家做了尽量恰如其分的点评。除此之外，这些教案在如下几个方面，给了我比较深刻的印象：

1. 重视阅读技能和技巧的训练

有几位老师设计了抓关键词语、主题句，处理长句的环节；有的老师设计了用不同方法猜测词义、跳跃障碍的练习。这些都是必要的阅读技能和技巧。特别是猜测词义和跳跃障碍的练习，早已有不少论述，相关的教学大纲中也已提出要求。以往我们听课时，有的老师也在教案中有所反映，但感觉落实得不好。这次观摩课，有的老师（如朱彤老师等）就落实得比较好，教案中也体现得很清楚。

2. 在阅读中比较重视快速阅读的训练

这表现在，多数阅读课都安排了快速阅读的环节，训练方法比较符合快速阅读的要求。

在当前阅读课的性质尚待进一步确定的情况下，加入快速阅读的训练，无疑是一个较好的选择。这对阅读课的整体改进会有推动作用。

在快速阅读的训练中，老师们都有比较强的“时间观念”，注意到了限时阅读，这是我们教学的一大进步。如沈庶英老师明确提出，通过限时阅读，培养学生速读能力和快速抓住主题的能力。丁燕老师则要求学生在规定时间内用一到三个关键词概括文章的主要内容。吴霄岳老师几乎每读一篇，甚至一段，都给学生限定时间，这对检查和培养学生的阅读能力，会起很大的作用。

3. 在阅读中篇章和语素教学有所加强

篇章教学和语素教学，虽然早在20世纪80年代末就提出来，学界一直在提倡与呼吁，有些教材中也有所反映，但给人的感觉是训练方式不到位。如篇章的训练就过于单一（如只有给句子排序），还不能说是实质意义上的篇章训练；而语素的教学，则显得比较随意。这次的几份教案，则在这方面有所改观，各位老师都把篇章的训练提到比较突出的位置，宏观上要求学生能够把握不同文体篇章结构的特点；微观上则注意了篇章（主要是句与句、段与段）的衔接与连贯手段，从篇章的角度进行关联词的训练。在语素教学方面，有的老师有意识地通过语素来扩大学生的词汇量，并将相关练习贯穿全课。

4. 写作课从不同的角度做了探索，颇有新意

写作课虽然是历史比较长的课程，但总起来看，仍然显得不够成熟，特别是如何摆脱第一语言写作教学的影响，体现第二语言写作教学的特点，仍然缺乏成功的经验。正因为如此，写作课才有了探索与创新的广阔空间。收入本书的两份写作课的教案和两份读写结合的教案，就是从不同的角度对写作课进行了有益的探索。比如高典老师对范文的利用，抓住联句成段、组段成篇、总说与分述等文章常用的结构进行训练，就比较成功；黄柏林老师利用组画，使用过程写作的教学方法，已经形成了一套教学模式。宋刚老师则注意到了在写作之前进行铺垫式的讨论。老师们还在教学中组织学生进行互动式的写作活动，使学生能够发挥自己的创造能力，又活跃了课堂气氛。

5. 预习环节较前有较大的改进

以往各种课型的预习要求不高，基本上限于读生词或读课文，很少让学生课前做一些他们力所能及的事情，影响了课堂教学的效率。在这方面，本书所

收的这几份教案中，都有所改变；由于预习加强了，复习环节也就随之发生了可喜的变化。如沈庶英老师的预习要求是：课后分组查找秋季广交会的资料，找到本届秋交会的特点，准备交流；制定参加广交会的参展计划书等。吴霄岳老师有一项预习要求是：课后到指定网页填写“使用手机情况调查问卷”，下次上课时报告。丁燕老师有一项预习要求是：查阅“丰田”是怎样成为世界上一个最著名的汽车品牌的。金娅羲老师要求学生课后读一篇指定的报刊新闻，下次讨论。更值得提倡的是，丁燕老师把教学的各个环节都跟预习结合起来。这些做法给人以耳目一新的感觉，而且也收到了良好的效果。这说明，加强预习作为提高教学质量和教学效率、培养学生的独立学习能力和创造能力的一种手段，大有可为。

6. 现代技术运用得更加纯熟

在对外汉语教学中运用现代技术（主要是多媒体课件的使用），非自今日始；而且运用的水平不断提高。此次阅读教案和听观摩课，感觉在这方面又有了进步，主要表现在：多媒体课件（PPT）与教学结为一体，成为教学的一个不可缺少、不可分割的有机组成部分；再有就是利用网络，不少班级都设立了公共邮箱，在邮箱里师生、生生互动，完成作业。这些都是在教学上运用现代技术臻于纯熟的表现。因此，本次出版教案集，同时附上各位老师制作的PPT课件，使读者对如何将教学与现代技术融于一体，有更为直观的感受。

以上诸点，都可以说是这几份教案的亮点，是教学中的新气象。

听课与阅读各位老师的教案，引发我思考了一个近乎常识性的问题，觉得可以提出来，跟大家讨论，这就是教学中如何进一步明确和正确处理教材、教案和课堂教学三者的关系。

关于这三者之间的关系，我们可以用戏剧演出中“剧本—演出本（或称舞台本）—演出”或影片拍摄中“电影（文学）剧本—分镜头剧本—实拍”来比喻。要进行课堂教学，当然要有教材，但教材不能直接用于课堂教学，所以习惯于“照本宣科”的教师决不是好教师；使用教材的教师必须根据课程的特点，结合教学内容和本班学生的特点备课，写出教案。从教材到教案，老师们要做的工作可以是非常有创造性的。这次阅读老师们的教案，我对此也深有感触。

我想起一句老话：“死教材活用。”这是我校上世纪70年代初复校时的一个口号，我认为今天仍应如此。我曾经有一个观点：教材永远落后于教学法体系的发展，而教学是最需要及时反映教学法体系的发展的；另一方面，一种新的教学法体系出现了，与教学内容相关的科学研究的最新成果（如对某个语言现象的解释）出现了，教师是最敏感、最关心的，他们一定会及时地运用和反映到自己的教学中去。这是教材做不到的。往往是等到按照一种新的教学法体系编写出教材的时候，那个教学法体系本身已经又发展了。只有教学才能最及时地反映教学法体系的发展。阅读这几份教案，发现有的老师已经意识到这一点。例如宋刚老师就在他的教案中写道："教师要深入认识教材并且敢于运用教材。事实上，课本只是提供教师上课的素材。在充分认识课型特征、学生特点等诸因素之后，教师要勇于大胆地、科学地进行调整与补充。"按照这种思路，他对课文做了灵活的处理，并且"对课本的练习方式也进行了重新整合以适应整体教学的需要"。

"死教材活用"，就是要减少使用教材的盲目性。比如，有的教材紧追HSK，而我们的教学内容和训练方式应该远较HSK来得丰富，那么我们就应该而且必须在备课中对教材加以改造，避免HSK给教学带来的局限。有的教材的课文提供的信息不准确，甚至有语句不通之处，有的教材没有体现教学上的新认识（如篇章的练习、汉语口语会话规则、语体的教学等），也需要教师加以弥补。

还有，教师在备课中要审视教材的编写者对其所提供的训练方式是否真正理解，设计得是否得当。比如，现在的阅读和听力教材中广泛使用的多项选择答案练习和辨别正误练习，有些就是值得推敲和商榷的。多项选择答案作为一种大规模的客观测试题，可以说是出于不得已而采取的测试方法。这种客观测试题使大规模测试的实施成为可能，也给评判带来极大的便利，特别是可以使用现代化的设备进行评判。这是其优于主观测试之处。但这种测试也有弊病，国外测试领域的专家早在20世纪60～70年代就做过试验，一个完全不懂某一种语言的人，完全随意地在多项选择题上画答案，正确率可以达到20%。这是这种测试方式最受质疑之处。所以，我觉得，如果不是大规模的测试，就不一定非采用这种方式来检查学生的掌握情况。何况，设计多项选择题，照猫画虎容易，真正设计得符合要求，并不容易。比如，四个（练习中可用三个）选择项是否都合理、符合逻辑，是否都跟上下文相关而不是生造，答案是否具有唯一性，都是设计中要考虑的因素。按这些要求去审视某些教材中的多项选择题，恐怕会发现不少问题。还有，教师与教材编写者要清楚多项选择题的适用性是什么，也就是说，有些内容不适合用多项选择题来检查，特别是那些不属于理解性的问题，就不能使用多项选择题。现在的教材里的某些多项选择题其实使用得并不恰当。

再如辨别正误的练习也如此。最初意义上的辨别正误练习，是用于训练学生的迅速反应能力的，其特点，一是题目数量多，一组题目一般都在10个以上；二是发问快，在课堂上，教师是像连珠炮似的快速发问，所谓Fire questions at the students，学生要马上判断出正误来。这有点儿像训练乒乓球或排球运动员那样，发球器不停地把球弹出，运动员要不停地接球，以此训练他们的反应速度。反过来说，辨别正误练习，如果题目不多，不合乎要求；如果不是快速发问，而是慢慢地一个一个地问，甚至让学生课后去做，也不合乎要求，因为学生几乎不会出错，这样的练习意义也就不大了。这种练习比多项选择题猜对的几率更大，因为只有两种可能，如果全画对或全画错，正确率肯定很高。

说了这么多，我的意思是，教师要注意了解教学法体系的新发展，了解对所涉及的语言现象的新的认识和新的发现，甚至教师间互相借鉴的一些具体教学方法，都应该及时地反映到教学中。更不可把教材看死，要善于发现其中的不足，加以弥补。

教案与课堂教学也不完全是一回事。有了教案（哪怕是非常完备的教案）仍然不能保证课一定上得好，所以也不能在课堂上“照教案宣科”。因为许多教学技巧并不能反映在教案中。这要靠教师对先进的、科学的教学理念的掌握和长期形成的经验、素养，也要靠临场发挥。我们每次听课，都会发现这样一种有一定普遍性的现象：教案上写得很好（比如“讨论”），但在课堂上，并没有得到充分的体现和发挥，没有取得预期的效果。有几位老师在他们的课后记中也写到这样的问题，值得重视。我觉得，我们对课堂教学应该经常考虑这样一些问题：

学生能够独立完成的工作，是否都让他们准备了？教师是否自己代替学生做了他们能够做的工作？

学生准备的，是否在课堂上都让他们“表演”出来了？

教师在课堂上是否引导学生发表不同意见了？是否创造和抓住一切机会让

学生讨论了？

教师是否起到了“导演”的作用？（如有无跟学生抢话头，代替学生回答问题，或者由于各种原因自己说的多，学生说的少等现象？）

这些看似很平常的问题，如果课堂上处理好了，那么学生的创造性就发挥得好一些，学生的积极性、主动性就会提高，学习兴趣也会增加。

要能够做到这些，要靠在教学中不断总结，不断积累，所谓“台上三分钟，台下十年功”。但只要我们的教学理念清楚，教学的面貌就会改观，并不需要“十年功”。

总之，本书收入的教案，有许多创新，有许多亮点，给了我们很多启发，很值得我们研究和借鉴。我们更应该学习各位老师的敬业精神、钻研精神，以及在教学上不断进取和探索的精神。

在此，我们愿意向各位老师表示敬意。

鲁健骥

2016 年 1 月

目 录

汉语阅读课

汉语读写课

汉语写作课

对外汉语读写课 · 优秀教案集

汉语阅读课

教案 1

闲话中国茶

任课教师：朱　彤

一　课型

初级汉语阅读

二　使用教材

《汉语阅读教程》第三册第 84 课

（彭志平、赵冬梅编著，北京语言大学出版社，2001 年第 1 版）

三　教学对象

汉语学院一年级下学期本科生，掌握了大约 1500 词。全班共 21 人，来自韩国、马来西亚、日本、法国、哈萨克斯坦、伊朗、葡萄牙、泰国、汤加等 9 个国家。

四　教学内容

1. 课文《闲话中国茶》。

2. 与课文相关的练习。

3. 限时阅读 4 篇（课外补充文章）。

4. 阅读技能：跳越障碍（在阅读时还应注意运用学习过的“根据上下文猜测词义”“找出段落主题句”等阅读技能。）

五 教学目标

1. 认知领域

通过对课文的通读、分段阅读及完成相关练习，要求学生理解文章内容，巩固语言知识，扩大词汇量。

2. 技能领域

（1）通读速度达到每分钟 220 字左右，能够了解文章主旨，整体上理解文章。

（2）在通读文章的基础上，分段阅读，运用相关的阅读技能，理解文中信息，捕捉文中细节，速度每分钟 200 字左右，正确理解率为 85% 以上。

（3）快速阅读速度每分钟 200 ～ 400 字，能够捕捉文中重要信息，正确理解率在 70% 以上。

3. 情感领域

使学生对茶文化感兴趣，有进一步了解中国文化的愿望。

4. 学习策略

培养和提高学生在阅读过程中的阅读策略，主要是忽略策略（跳越障碍），还包括结构策略、语境策略、标题策略、联想策略、推理策略、概括策略等。

六 教学重点和难点

1. 整体阅读训练，通读文章，掌握文章主要观点和内容。

2. 略读，快速查阅相关信息。

3. 语言要素：

较难的词语：好（hào）、名茶、相继、问世、佳、公认

重点句式：到……为止　除了……（以）外，还……

（能够理解这些词语和句式的意义，不要求会运用）

4. 阅读技能：跳越障碍（了解在什么情况下可以跳跃障碍，如何跳跃障碍）。

七 教学方法

1. 教师导读、提问、讲解、答疑与学生默读、回答问题、讨论相结合，突出阅读理解能力的培养与阅读技能的训练。

2. 以教师为主导、学生为中心的启发式教学：教师通过图片、例句等引导学生理解字、词、句的含义，帮助学生建立同一语义场的联想图示，尽量少做讲解。

3. 结合学生小组活动的任务式教学：一些题目由学生合作完成，以有效减轻语言水平较低的学生的焦虑，促进学生和学生以及师生之间的互动，活跃课堂气氛。

八 教学时间

全课共 2 学时，约 100 分钟完成。

九 教具

多媒体课件

十 教学步骤

教学内容	教学行为	教学说明
组织教学（1 分钟）		
问候，宣布上课，点名。	问候，点名。	向学生传达上课讯息，集中学生的注意力，进入教学状态。
复习旧课、检查作业（6 分钟）		
检查第 82 课课后四段短文的阅读情况。	这是上次课布置的课后作业，要求学生在课下完成。教师分别让不同学生读题目并说出答案，如果学生回答正确并且其他同学也没有异议，就继续进行下一题。如果学生回答错误或其他同学有异议，再带领学生回到课文，启发学生思考，找出正确答案。	通过检查作业的方式，复习上次课所学内容。
学习新课（约 90 分钟）		
阅读前的准备。（6 分钟）	【教师行为】演示 PPT，引入本课内容。 第 84 课 xián 闲话中国茶 猜一猜 文章题目的意思是： A. 聊一聊中国茶 B. 喝一喝中国茶 	演示与课文相关的词语图片，引入本课话题。

	【教师引导语】 请同学们猜一猜，今天的课文讲的是什么？ 文章题目的意思是什么？ “闲话中国茶”意思是： A. 聊一聊中国茶 B. 喝一喝中国茶	根据题目猜测文章内容。
	【导入语】 你喜欢喝茶吗？喜欢喝哪种茶？ 你喜欢喝哪种茶？  绿茶  红茶  花茶 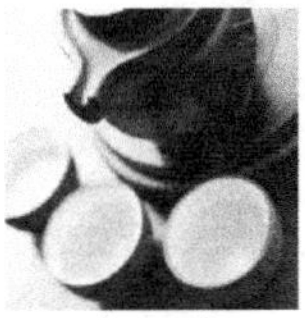 乌龙茶  紧压茶	演示图片，让学生对于茶叶的种类有一个初步了解，为后面的阅读做铺垫。
	【教师行为】 演示PPT，引出相关的重要词语。先出图片，让学生说出相应的词语，再显示文字，验证正确与否。词语演示完毕，教师领读，学生齐读，再由学生每人一次轮流读一遍。 读下列词语 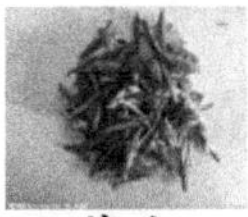 茶叶 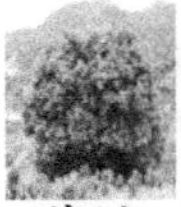 茶树  茶农  茶园  茶馆  种茶  采茶  泡茶  饮茶  品茶 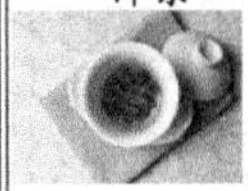 茶水  茶壶  茶碗  茶杯  茶具	

	看 PPT 图画，说出相应的词语。隐去文字，只留下图片，推选一名同学指图片，其他学生说出词语。	这些阅读前期准备活动的目的，一是可以帮助学生了解相关的背景知识和主要内容，激活学生的语言文化知识储备，为正式的阅读活动扫清障碍、做好铺垫；二是集中学生的注意力，激发他们的阅读兴趣，引导他们积极参与完成阅读任务。
根据提示，快速通读全文。 （7 分钟）	【教师行为】要求学生默读课文并回答问题。 全文约 900 字，4 分钟之内读完。读之前先让学生看 PPT 上的阅读提示。 阅读提示： （1）中国人喜欢在什么时候喝茶？ （2）茶叶可以分为哪几类？ （3）哪一段介绍了中国的名茶？ （4）第几段讲到喝茶的好处？ 通读之后，回答前面提示的问题。如果学生回答正确并且其他同学也没有异议，就继续进行下一题。如果学生回答错误或其他同学有异议，再带领学生回到课文，启发学生思考，找出正确答案。	阅读教学中的任务可以分为两个层次。第一层次的任务为把握文章主旨，即在学生对文章的内容、语言和结构都不熟悉的情况下，为学生快速浏览阅读文章、了解文章相关信息而设计相应的任务。这一层次的任务，侧重于对阅读材料的整体理解，不宜过多、过细、过深。
分段阅读课文。 （50 分钟） 1. 阅读课文第一段，完成练习。 （约 4 分钟）	1. 默读第一段 提问： （1）为什么说中国是茶叶的故乡？ （2）这一段提到的《茶经》《茶录》《茶谱》《茶史》是什么？ 注意：书名号——书或文章的名字 （临时板书：书名号） （3）这些书里面写的是什么？	在快速浏览文章之后，教师布置第二层次的任务。这一层次的任务可以概括为对文章的深入理解，包括对文中重要

<table>
<tr>
<td>2. 阅读课文第二段，完成练习。
（约 11 分钟）</td>
<td>2. 默读第二段
提问：
（1）为什么说中国人最爱喝茶？表现在哪些方面？
（2）中国人在什么地方喝茶？什么时候喝茶？
填写表格：
中国人喝茶的习惯影响了哪些国家？（由学生发言，填写表格内容。）
<table>
<tr><td>时间</td><td>国家</td><td>习俗</td></tr>
<tr><td>17 世纪中叶</td><td>美国</td><td>冰茶</td></tr>
<tr><td>18 世纪初</td><td>英国</td><td>午后茶</td></tr>
<tr><td>1780 年</td><td>印度</td><td></td></tr>
<tr><td>1841 年</td><td>斯里兰卡</td><td></td></tr>
<tr><td>1893 年</td><td>俄国</td><td></td></tr>
</table>
提问：
现在有多少个国家和地区的人饮茶，多少个地方产茶？
PPT 演示重点词句：
<table><tr><td>到目前为止，饮茶习惯已经流传到 100 多个国家和地区，产茶的国家和地区也已达到近 50 个。</td></tr></table>
看下面的例句，回答问题：
（1）到目前为止，你学了多长时间汉语了？
（2）到今天为止，你交了多少个中国朋友？
（3）到上个月为止，你去过北京的公园吗？
重点词的理解：
<table><tr><td>美国人好冷饮，尤其喜欢将茶泡水后冷却。</td></tr></table>
（通过对照法，引导学生自己说出："好"与"喜欢"在此是近义词。）
反义词：冷饮——热饮
<table><tr><td>选择对句中"将"字的正确解释：
A. 将来　B. 将要　C. 把　D. 即将</td></tr></table>
</td>
<td>事实和细节的理解，要求学生在通读文章的基础上，运用相关的阅读技能，理解文中信息，捕捉文中细节。

阅读课中重点词语和句式的教学以理解为主，只要理解词义即可，不要求会使用，因此，不宜过多讲解，也不宜采用造句、替换练习等训练方法，而是让学生通过读例句的方式，老师提问检查理解情况，以阅读带动阅读。
在教学中重视词语的拓展，包括近义词和反义词的联想。</td>
</tr>
<tr>
<td>3.阅读第三段，完成练习。
（约 2 分钟）</td>
<td>3. 默读第三段
提问：
中国茶叶分为几类？（对照 PPT 图片，让学生对每一类茶有一个直观感受）</td>
<td></td>
</tr>
</table>

4.阅读第四段，完成练习。 （约 12 分钟）	4. 默读第四段 提问：这段话中哪个词最重要？ 【导入语】什么是名茶？那么有名的老师怎样称呼？有名的学校呢？ 词语拓展： 名人　名师　名校　名医　名著 名言　名山　名城　名牌　名车 名品　名表　名菜　名烟　名酒 【导入语】这一段中哪句话最重要？ （引导学生找到主题句。这一阅读技能已经学习过。） 【教师行为】演示PPT，引入本课要学习的阅读技能。 阅读技能：跳跃障碍  跨栏 【导入语】阅读中遇到障碍——一些很长或者有很多生词的句子时，如果我们只需要了解大概的意思，并不需要说出每个句子精确的意义时，就可以采用跳跃障碍的方法，即对文章中不重要的部分跳过去不看。这段话中列举了很多名茶的例子，有很多不认识的字词，我们只需知道这些都是地名和茶叶的名称就可以了，可以直接跳过去，不用细读，也不必查字典。 演示 PPT，具体体会跳跃障碍的方法。	拓展词语、扩大词汇量的一个重要方式，就是按语素归纳已经学过的和即将学习的词语。这个工作也可以作为预习的作业，在课前由学生来完成。

	下面哪些语句可以跳过去？ 绿茶有名的是：杭州的西湖龙井、江苏太湖的碧螺春、安徽黄山的黄山毛峰、安徽六安的六安瓜片、河南信阳的信阳毛尖等。红茶有名的是：安徽祁门的祁门红茶、云南的滇红等。乌龙茶的名茶有：福建武夷山的武夷岩茶、福建安溪的铁观音、台湾南投县小台湾乌龙茶。花茶有名的是：福州的茉莉烘青、杭州茉莉烘青和苏州的茉莉烘青。紧压茶有：云南思茅和西双版纳的普洱茶、广西苍梧县的六堡茶等。	
5.阅读第五段，完成练习（约12分钟）	5. 默读第五段 【导入语】这一段的主题句是哪一句？ （答：茶除了饮用外，还具有药用价值。） 重点句式：除了……（以）外，还…… 阅读下列句子： （1）今天来听课的除了学生，还有老师。 （2）除了故宫以外，阿里还去过颐和园。 （3）除了绿茶，红茶、乌龙茶对身体也很有好处。 （4）山本现在除了学汉语以外，还在学习英语。 【教师行为】教师通过提问的方式，帮助学生理解句义。 【导入语】 （1）今天来听课的有哪些人？ （2）阿里去过北京的哪些地方？ （3）哪种茶对身体有好处？ （4）山本在学习什么？ 【教师行为】提问，要求学生回答。 【导入语】茶有什么药用价值？ 【教师行为】演示 PPT 内容 茶可以祛痰止渴、防治癌症、预防“电视病”、抗衰老、减肥等等。 【导入语】这个句子中也有很多生词，应该怎么办？ 阅读技能：跳跃障碍 不影响句子意思的并列近义词语，即顿号之间的并列词语只要理解其中一个的意思就够了，其他的可以跳跃过去。	

	词语联想： 电视病——空调病 PPT演示难词： 问世： （1）世界上第一台电脑是1946年问世的。 （2）电灯问世以后，对人们的生活产生了很大的影响。 （3）苹果的新产品不断问世，很受年轻人的喜爱。 相继 （1）新学期第一节课，同学们相继做了自我介绍。 （2）下课了，大家相继走出教室。 （3）苹果公司相继推出了iPhone、iPad等产品。 【教师行为】教师可以用提问的方式，帮助学生理解词义。 阅读技能：跳跃障碍 【导入语】下面的句子中，哪些地方可以跳跃？ 许多新的茶叶制品相继问世，有液体茶饮料，如茶叶汽水、可可牛奶红茶；有固体茶叶制品，如速溶茶晶、柠檬红茶糖果等；还有用茶叶制成的名菜，如茶叶粉蒸肉、潮州茶香鸡等。 【教师行为】提问：近年来还有哪些茶叶制品出现？ （答：液体饮料茶、固体茶叶制品、用茶叶制成的名菜） 提问：哪些是液体茶饮料？ （答：茶叶汽水、可可牛奶红茶） （引导学生通过“汽水和茶”猜测“液体”的意思） 固体茶叶制品：速溶茶晶、柠檬红茶糖果 （引导学生通过“茶晶和糖果”猜测“固体”的意思） 词语拓展：液体、固体、气体	
6.阅读第六段，完成练习。（约3分钟）	6. 默读第六段 提问：这一段主要写的是什么？ 词语拓展： 渔具　工具　玩具　文具　教具 雨具　餐具　酒具　水具　刀具 提问：宜兴紫砂壶为什么出名？	

<table>
<tr><td>7.阅读第七段，完成练习
（约6分钟）</td><td>7. 默读第七段
问题：
（1）世界著名的三大饮料是什么？
猜测词语：
可可世界著名的“三大饮料”——通过饮料一词，让学生猜测“咖啡、可可”可能是什么。
（2）哪一种饮料会成为21世纪最受欢迎的饮料？
重点词语：
公认
（1）阿里是全班公认的好学生。
（2）熊猫在中国被公认为国宝。
（3）北京语言大学被大家公认为“小联合国”。
佳
（1）这次综合课考试年级最佳成绩是98分。
（2）姚明曾经当选中国“十佳运动员”。
（3）老师希望同学们期末考试能够取得佳绩。
教师用提问的方式帮助学生理解词义。</td><td></td></tr>
<tr><td>完成书后练习。
（7分钟）</td><td>根据课文内容判断正误
（1）茶叶的故乡在中国。（ ）
（2）中国人饮茶的习惯影响了许多国家。（ ）
（3）英国人的“午后茶”就是在午饭后喝茶。（ ）
（4）印度本来就有茶。（ ）
（5）中国人曾到俄国做过种茶技术顾问。（ ）
（6）现在生产茶叶的国家和地区有50多个。（ ）
（7）茶叶可以用来做菜。（ ）
（8）用宜兴紫砂壶泡出的茶跟用别的茶具泡出的茶不一样。（ ）

完成书后练习163页第3题：选择对下列画线词语的正确解释。</td><td>分别让不同学生读一遍题目，然后给出答案（“对”或“错”）。如果学生判断正确，可以不讲或略讲；如果学生判断错误，再带领学生回到课文，让学生自己更正。

分别让不同学生读题目并给出答案，如果学生判断正确，并且其他同学也没有异议，就继续进行下一题。如果没做对，举例解释该词的用法。</td></tr>
<tr><td>限时阅读练习。
（约20分钟）</td><td>课外补充材料限时阅读（5篇文章，共约2600字）
【教师行为】
（1）提出阅读技能训练要求：找出文中的中心词、主题句。</td><td>在限时阅读过程中，除了解决阅读理解问题外，还</td></tr>
</table>

	（2）让学生先看问题，在规定时间内完成阅读。 （3）要求学生回答问题并说出答案。如果学生回答正确，其他学生没有异议，可以不讲或略讲；如果学生回答错误，再回到课文，让学生自己更正。 （4）根据学生回答情况做出补充讲解。 （5）结合本节课学习的跳跃障碍的技能，找出文章中可以跳跃的部分。 （每篇文章的要求和问题，请参见附录）	要结合本课阅读技能训练的重点——跳跃障碍以及以前学过根据上下文的猜测词义、找主题句等阅读技能，将快速阅读的方法传授给学生。
总结（约2分钟）		
	词语：好、中叶、名茶、相继、问世、公认、佳 句式：到目前为止；除了……还…… 阅读技能：跳跃障碍	
布置作业（约1分钟）		
布置作业，宣布下课。	布置作业，展示PPT辅助说明 （1）课本164页第4题限时阅读文章四篇； （2）请你找一个关于名山（中国或国外的都可以）的文章，介绍一下这座山的位置、高度、特点。文章字数在100字以上，电子版、复印、打印、手写都可以，如果有图片更好。下周上课时带来，在全班传阅或用PPT展示给同学们。	课后的四篇文章都与本课内容相关，对于本课的重点词语、句式和阅读技能起到巩固和强化的作用。 布置查阅资料的任务，让学生为下次课的学习做好准备，也扩大了学生的课外阅读量。 适当布置一些写的任务，在通过阅读提高语言输入能力的基础上，提高输出能力；而一定量的语言输出反过来又可以强化所学的语言知识和阅读技能，让语言真正成为有效的交际工具。

十一 板书设计

第84课 闲话中国茶

知识点板书区	好 名茶 相继 问世 公认 佳 到……为止 除了……（以）外，还…… 阅读技能：跳越障碍
PPT 展示区	（展示 PPT 内容）
临时板书区	书名号《 》 电视病、空调病 液体、固体、气体 （本部分主要记录课文阅读过程中联想补充的词语，或者学生听课过程中有疑问或者需要注意的词语，可以随时擦去）

十二 教学思路和心得

1. 采用以学生为中心的启发式教学法

教师通过图片、例句等引导学生理解字、词、句的含义，帮助学生建立同一语义场的联想图示。阅读课中重点词语和句式的教学以理解为主，只要理解词义即可，不要求会使用，因此，不宜过多讲解，也不宜采用造句、替换练习等训练方法，而是让学生通过阅读多个例句后自己思考总结语义，以阅读带动阅读。

2. 培养学生好的阅读习惯

教师一开始就应向学生强调在阅读过程中不要出声，不要用手指、笔尖或尺子指着一个字一个字地读，不要查字典，也不要看课文后的生词翻译。

3. 对阅读应该有时间限定

为了提高阅读效率，在阅读前应该根据文章长短和难易度限定时间，不能超时，时间一到，立即要求学生停止，绝不拖延。阅读时遇到的生字、生词、难句及其他问题，要求学生尽量运用有关的阅读技能加以解决。对于自己解决不了的问题，用笔画出，可以在阅读结束后提出，由同学讨论或老师引导来解决。

4. 重视阅读前的准备活动

根据阅读课文话题的不同，设计不同形式的读前准备活动，包括语言准备和心理准备，如演示与课文相关的实物、图片、视频等，阅读介绍课文背景的浅显易懂的材料、根据文章题目猜测文章内容等。这些前期准备活动的目的，一是可以帮助学生了解相关的背景知识和主要内容，激活学生的语言文化知识储备，为正式的阅读活动扫清障碍、做好铺垫；二是可以集中学生的注意力，激发他们的阅读兴趣，引导他们积极参与阅读。

5. 补充相关内容

除了教材上的阅读文章之外，教师可以适当补充一些相关的文章，复习巩固学生课上所学内容，提高课堂上所学语言形式的复现率，扩大词汇量和阅读量，也可以开阔学生的视野，增进对于中国文化和社会的了解。

6. 将阅读延伸到课外，将课堂上的任务与课前的预习、课后的作业结合起来

第二语言学习者的阅读熟练程度，很大程度上取决于阅读数量的积累，没有一定量的积累，就难以提高阅读理解能力和阅读技能。我们可以将阅读行为延伸到课外，将课堂上的任务与课前的预习、课后的作业结合起来。课前对预习提出具体的要求，可以是语言方面的准备，如下次课要讲的是关于茶的内容，预先让学生搜集跟茶有关的词语，下次上课时搞一个词语竞赛；也可以是对于内容的准备，将下一课的教学任务预先告知学生，布置学生在报刊书籍和网络上查阅搜集相关的信息，包括图片、新闻、评论等。如下次课的内容是关于黄山的，可以让学生找一个关于名山的文章，介绍一下这座山的位置、高度、特点，也可以让学生查一查去黄山旅游应该怎么走、有哪些景点可以看，等等。为了完成任务，学生必须提前做准备，如翻阅书刊或到网上查找资料，下一次上课时与同学分享，从而有效地提高学生参与阅读活动的迫切性，有利于培养学生的课外阅读习惯，提高阅读理解的能力。

不足：由于时间和场地的限制，本次观摩课中，学生小组合作活动较少，是不足之处。在今后的阅读教学实践中，我将不断对教学方法加以调整和完善，保证教学获得最佳的效果。

附录 1

课文

闲话中国茶

中国是茶叶的故乡，中国人是世界上最先认识并且种植制作茶叶的人。中国历史上有不少有关茶的书，如《茶经》《茶录》《茶谱》《茶史》等。这些书对种茶、采茶和饮茶都做了研究和总结。

“中国人最爱品茶，在家中喝茶，上茶馆也要喝茶；开会时喝茶，朋友一起谈话要喝茶，甚至打架讲理时也要喝茶；早饭前喝茶，午饭后也要喝茶。”中国人喝茶的习惯，影响了不少国家。17 世纪中叶，中国茶开始传入美国。美国人好冷饮，尤其喜欢将茶泡水后冷却，去掉茶叶，倒在有冰块的杯子里，再加入少量的糖或果汁，制成“冰茶”饮用。18 世纪初，中国茶进入伦敦市场。饮茶逐渐在英国流行起来，并且形成了午后四五点钟饮“午后茶”的礼仪。印度在 1780 年首次引进中国茶；斯里兰卡在 1841 年开始引种中国茶树；俄国于 1893 年聘请中国人去做种茶技术顾问，茶叶生产得到了发展。到目前为止，饮茶习惯已经流传到 100 多个国家和地区，产茶的国家和地区也已达到近 50 个。

中国茶叶品种很多，习惯上可分为五类：绿茶、红茶、乌龙茶、花茶、紧压茶。

各类茶叶中都有名茶。绿茶有名的是：杭州的西湖龙井、江苏太湖的碧螺春、安徽黄山的黄山毛峰、安徽六安的六安瓜片、河南信阳的信阳毛尖等；红茶有名的是：安徽祁门的祁红、云南的滇红等；乌龙茶的名茶有：福建武夷山的武夷岩茶、福建安溪的铁观音、台湾南投县的台湾乌龙茶；花茶中有名的是：福州茉莉烘青、杭州茉莉烘青和苏州茉莉烘青；紧压茶有：云南思茅和西双版纳的普洱茶、广西苍梧县六堡茶。

茶除了可饮用外，还具有药用价值。茶可以祛痰止咳、防治癌症、预防“电视病”、抗衰老、减肥等等。近年来，许多新的茶叶制品相继问世，有液体饮料茶，如茶叶汽水、可可牛奶红茶；有固体茶叶制品，如速溶茶晶、柠檬红茶糖果等；还有用茶叶制成的名菜，如茶叶粉蒸肉、潮州茶香鸡等。

喝茶少不了茶具。说到茶具，不能不提到宜兴紫砂壶。紫砂壶是江苏省宜兴县生产的茶具，造型与装饰都具有明显的民族风格。用宜兴紫砂壶泡出的茶独具特色，深受人们的喜爱。

茶，咖啡，可可是世界著名的“三大饮料”。有报道说，二十一世纪茶叶将成为世界“饮料之王”。茶叶已被世界医学界公认为“当代最佳健康饮料”。

附录2 补充的限时阅读材料

短文一

中国人与茶（约340字，2分钟）

茶的故乡在中国。由于茶的种类和制作的方法不同，味道也不同。不同的地区，不同的民族，饮茶的习俗也不一样。一般来说，北方人喜欢喝红茶，南方人喜欢喝绿茶。北京人爱喝茉莉花茶，上海人、杭州人爱喝龙井茶，广东、福建一带的人喜欢喝乌龙茶，边疆一些少数民族大都爱喝紧压茶，蒙古族人喜爱奶茶，藏族喜爱酥油茶……近几年，市场上又出现了减肥茶、保健茶等，很受人们欢迎。

中国人喜爱茶就像西方人喜爱咖啡一样，茶已经成为人们生活中的一部分了。在中国，人们常用茶招待客人，有客人来访，端上一杯清香的热茶，表达了主人的一片热情；举行婚礼的时候，新娘一定要给长辈和亲友们敬茶；许多餐馆在上菜之前，也会先给客人送来一壶茶水。

人们喜欢喝茶，但在喝茶时也有一些忌讳，比如不喝凉茶、不喝隔夜茶、睡前不喝浓茶等。

选择正确答案：

1. 第一段的主要意思是什么？

A. 茶的故乡在中国　　B. 茶的味道不一样

C. 地区、民族不同，饮茶习俗也不同　　D. 人们喜欢减肥茶和保健茶

2. 第二段谈到中国人什么时候喝茶？

A. 在餐馆吃饭　B. 招待客人　C. 婚礼　D. 以上三项

3. 第三段中的“忌讳”是什么意思？

A. 应该做的事　B. 不该做的事　C. 喜欢做的事　D. 忘记做的事

短文二

有关茶的传说（约460字，2分钟）

中国人是怎样开始饮茶的呢？关于茶的来历，有两个传说。

一个故事跟神农有关。神农是远古时的一位首领，传说农业和医药就是他发明的。为了给人们找到食物和药物，他常常亲自去品尝各种植物。有一次，神农吃了一种毒蘑菇，肚子很痛。这时旁边有一棵植物，闻起来有一股香味儿，神农就吃下了它的叶子。没想到，不一会儿，肚子就不疼了，感觉很舒服。神农记住了这种叶子，给它起了个名字叫“茶”。以后，每当人们不小心吃进有毒的东西时，立即喝点儿茶，毒就消失了。最初，人们把茶当作药来使用，后来，人们逐渐认识到，茶不仅可以治病，而且还是一种很好的饮料，饮茶的习惯就传开了。

另一个传说是这样的，中国古时候有一个皇帝到树林里去打猎。在路上他觉得口渴了，侍从就在树林里给他烧水喝。水快开的时候，忽然从树上掉下几片树叶，落到了水里。这时人们都不知道锅里的水还能不能喝。有一个侍从走到锅旁，尝了尝，觉得水的味道很香，就告诉了皇帝。皇帝尝了尝，也很喜欢它的味道。从此，人们就把这种树叶叫茶叶。人们用茶叶煮水喝，发现喝茶对人的身体有好处。渐渐地，人们就有了喝茶的习惯。

选择正确答案：

1. 根据第一个故事，最早人们把茶看作是一种：

A. 药　B. 食物　C. 饮料　D. 毒品

2. 根据第二个故事，谁最先发现茶水好喝？

A. 皇帝　B. 猎人　C. 侍从　D. 文章没有说

3. 第二个故事中的“侍从”指的是：

A. 皇帝　　　　B. 皇帝的妻子

C. 皇帝身边照顾他的人　　　　D. 皇帝的马

短文三

老北京的茶馆（约500字，2分钟）

北京茶馆的发展兴盛大约在清朝中叶。当时作为都城的北京，人口数量急剧增加，南北茶商也纷纷进京开茶馆。北京茶馆不但数量多，而且种类全。有大茶馆、清茶馆、书茶馆、棋茶馆、季节性临时茶馆等。

大茶馆一般规模较大，这里除了茶以外，也卖酒、菜和小吃。它是高官贵族、有钱人聚会的地方。很多茶客一早进来，喝茶聊天，到吃饭时点上酒菜，边吃边聊，很是方便。不过这类大茶馆在20世纪初渐渐衰落了。那时清茶馆是京城大街小巷最普通的茶馆。清茶馆只以卖茶为主，不卖吃食。

清朝末年，北京还出现了很多书茶馆。在书茶馆中除了喝茶外，还可以听评书。书茶馆一般早上接待饮茶的客人，下午和晚上请说评书、唱鼓词的艺人来说唱。茶客们边饮茶边听书，除付茶资外，还要付听书费。

老北京也有很多棋茶馆，就是卖茶连带下棋，顾客多为普通市民和无业者，多集中在天桥一带。这里设备简陋，进门是一排一排的长条桌，桌子两边是长条凳。柜台上还有免费提供的棋具。茶客一般下午来，晚饭时分离去。

此外，老北京还有一种季节性茶棚，最有名的是什刹海的荷花市场。荷花市场形成于清末，每年从端午到中秋，什刹海沿岸就搭起许多茶棚，人们在这里纳凉、品茗，观荷、赏莲，大有江南水乡之风味儿。

回答问题：

1. 文中介绍了老北京的哪几种茶馆？
2. 大茶馆里卖什么？价格怎样？

3. 在清茶馆可以吃饭吗？
4. 什么是“书茶馆”，在书茶馆可以做什么？
5. 去棋茶馆的一般是什么人？
6. 一年当中的什么时候，在什刹海有临时茶馆？

短文四

老舍茶馆（约480字，2分钟）

京城的大小茶馆有五六百家，最著名的要数老舍茶馆了。为什么老舍茶馆那么有名？一是因为它是改革开放以后，京城开的第一家新式茶馆；二是因为茶馆是用老舍先生的名字命名的，老舍先生是生在北京、长在北京的著名作家，他的作品有很高的知名度；三是因为老舍茶馆有浓厚的京味儿，人们进茶馆不仅可以品茶，还能品到其中的京味文化。

老舍茶馆位于前门西侧，走进这古香古色的茶馆，您仿佛进入了一座北京的民俗博物馆。在这里，您可以品尝到各类名茶、北京传统风味小吃和京味茶宴。这里每晚都有一场会聚京剧、曲艺、杂技、变脸等优秀民族艺术的精彩演出。如果您有兴趣，也可以上台表演。

到目前为止，老舍茶馆已经接待了近47位外国元首、众多社会名流和200多万中外游客，美国前总统布什、前国务卿基辛格，俄罗斯前总理普里马科夫，日本前首相海部俊树、中曾根，泰国公主诗琳通等，都曾是这里的座上客。虽然老舍茶馆的历史并不长，但这里已经成了外国友人了解中国传统文化的一个窗口。到北京的人去老舍茶馆、天桥茶馆品茶，已成为中外游客们旅游中不可缺少的一项活动了。

回答问题：
1. 老舍茶馆为什么有名？文中说了哪几个原因？
2.“老舍茶馆”的名字是怎么来的？
3. 在老舍茶馆，游客可以做什么？
4. 从开业到现在，老舍茶馆接待了多少游客？

短文五

广东早茶（约800字，4分钟）

最早知道“广东早茶”这个名词是在学生时代，那时以为广东的早茶就是“早上喝茶”。心里不明白，广东人为什么那么无聊，一大早就去喝茶呢？

去了广东，才知道“早茶”不只是我小时印象中的茶水，还有糕点。茶有乌龙茶、铁观音、普洱茶等。糕点做得很精致，有饺子、粉果、酥点等，有粥类如皮蛋瘦肉粥、生滚鱼片粥等，配上不同肉鱼蛋类，还有香脆虾片、青嫩葱花，香味浓郁。

早茶的环境可根据自己的喜好或实力选择，可选择大茶楼，或是小酒楼，也可以选择有特色的酒楼，比如“小桥流水”边，或“风花雪月”楼。上了桌子不分男女老少、富贵贫贱，茶钱少到几元钱，多到上千元，所以广东早茶是大众的，并不是只有有钱人才喝得上的。

如果选择在酒店的大堂里，许多人一起吃吃喝喝，说说笑笑，很是热闹。喝着茶，吃着点心，观着风景，听着音乐，和朋友们聊着天，开心极了。不过多数平民百姓更愿选择经济实惠的小茶馆，虽然环境比不上大茶馆，可味道也不比大酒楼的差多少。

我曾和三五个朋友到热闹的大堂里一起喝早茶。一进茶楼，就有一位穿着旗袍的女孩子迎上来，把我们带到空位上，然后就有服务员上来询问要点什么茶水。茶水上来了，酒楼的点心都是做好的，有时候放在一个固定的位置，自己去挑选，或者是酒楼的服务员推到客人桌边供客人选择……热闹的大堂，让人感到一股浓浓的南方气息。

我一直不明白，都说广东人的生活节奏最快，可为什么早上茶楼经常都是满座呢？朋友告诉我，广东喝早茶的人一般分几批。最早的一批早晨六七点钟到来，是一帮约好的老人家。他们总是去同一座茶楼坐同一个茶桌，每天喝同样的茶，他们看报纸、聊天儿，谈国事、天下事……几十年下来，这些同一桌的老人家先后离去，又有新的面孔加入。走了几个人，又来了几个人，茶楼的生意常年兴旺。第二批是中年人，他们八点左右到来，或是谈生意，或是聚会。第三批在九点以后到，客人是那些贪睡的年轻人，有的十点才到，虽然迟了些，也叫早茶。到了周末，全家老小围坐一桌，谈笑风生，共享天伦之乐……

回答问题：

1. 喝早茶时人们可以干什么？
2. 只有有钱人才喝早茶吗？
3. 小茶馆在价格、环境、味道方面怎么样？
4. 去喝早茶的有几批客人？分别是什么人？

教师简介

朱彤，女，1970 年出生，博士，讲师。教学专长为对外汉语阅读、写作教学，研究方向为对外汉语、比较文学。代表性成果有论文《新感觉派小说的主题研究》《左翼文学叙述模式的流变》《多媒体技术在汉语教学中的应用》等；编有教材《汉语普通话教程》《汉语阅读教程》《高级经贸汉语教程》等。

教案点评

陈田顺

（北京语言大学，教学督导组专家）

2013 年学校把读写课作为教学研讨的重点，我有幸听了二十多位老师的汉语阅读课。

尽管学生的汉语水平不同、班级层级不同，但不容忽视的一个较为普遍的问题是，不少老师没有准确把握住课型特点，把阅读课混同于综合课、复练课。朱彤老师的初级汉语阅读课获得听课同仁的一致好评，原因就在于她的课准确把握住了课型特点，这从她的教案里就可以看出来。

朱彤老师的初级汉语阅读第 84 课《闲话中国茶》，教案目标明确、内容翔实、环节清晰、重点突出、方法得当，板书设计醒目简约，具有较强的可操作性，是一份值得推荐的教案。

总体来看，朱老师的教案有以下几个特点：

一、教案突出了阅读课的课型特点

1. 整个教案紧紧围绕提高学生汉语阅读能力、阅读技能，一环扣一环，层层展开。每个环节不但有明确目的和具体要求，而且能指导学生运用不同的阅读方法阅读。第一层次通读全文（每分钟 220 字），侧重对阅读材料的整体理解，不宜过多、过细。第二个层次是分段细读（每分钟 200 字），要求学生在通读的基础上，运用相关的阅读技能，理解文中信息，捕捉文中细节。第三个层次是快速阅读（每分钟 200 ～ 400 字），要求学生在限定的时间内找出中心词、主题句。这部分主要训练学生跳跃障碍、根据上下文猜测词义等阅读技巧。

2. 阅读前准备充分，注意激发学生的阅读兴趣。阅读前准备环节安排得当，通过根据课文题目猜测文章内容，引入主课文，又通过 PPT 画面进入有关词语的学习。短短 6 分钟，既引导学生学习了词语，激发了学生对茶文化的兴趣，又进而把大家的兴趣引入对课文的阅读。

3. 阅读量大是朱老师这两节课的突出特点，我们知道，要提高学生的阅读水平离开大量阅读实践是不可能的。朱老师的两节课，学生的阅读总量约为 3500 字（主课文 1 篇约 900 字，5 篇短文约 2600 字）。特别值得一提的是，朱老师选的 5 篇补充材料，其难易度、内容、趣味都与主课文配合得相得益彰。

4. 教案对生词的处理也很符合阅读课的特点，朱老师只要求学生能读能领会词义，不要求学生读得字正腔圆会造句。她没有把过多的时间用在生词上，从而保证了课堂上学生阅读量的大幅度提高。重点词语和句式处理意在理解为主，只要求学生理解词义，不要求会用，并把读例句也看作是对学生阅读能力的培养。

5. 在阅读过程中自始至终穿插着阅读技能的培养。教案中重点训练学生找主题句、中心词和跳跃障碍、根据上下文猜测词义。.

二、PPT 课件设计使用合理、适当，很好地起到教学辅助作用。

朱老师的教案也设计使用了 PPT 课件，她设计的课件精准、形象、到位，体现了阅读课的特点。比如，在引入课本内容时，PPT 课件展示出课文标题“闲话中国茶”，接下来是一道简要的选择题：“闲话中国茶”的意思是：A. 聊一聊中国茶。 B. 喝一喝中国茶。通过一道简要的选择题，学生一下子就领会了“闲话中国茶”写的是什么了，课件起到画龙点睛的作用。接着问学生“你喜欢喝哪种茶”，PPT 展示出图文并茂的“绿茶、红茶、花茶、乌龙茶、紧压茶”画面，一下子就把学生吸引住了。这样朱老师的教学自然地进入词语环节，这个环节时间短、节奏快，又为阅读课文打下了基础。

在后面的课文阅读过程中 PPT 只展示简要的问题或提示，学生大部分时间都用在阅读文章上，避免了长时间盯着屏幕的现象。

三、板书设计简要、合理、醒目

板书是教学艺术的体现，教案中板书分知识点板书区、PPT 展示区、临时板书区三个板块，内容少而精，突出要点重点，值得提倡。

当然，朱老师的教案也有值得推敲和改进的地方，比如：

1. 对阅读方式的界定有些混乱。比如通读、默读、速读就不宜在一起比较，默读是指不出声音的读，通读、速读都可以不出声音。由于阅读目的各异，我们常常把阅读方法分为通读、细读、略读、速读，朱老师教案中涉及的应是通读、细读、速读。

2. 处理得有些匆忙。限时阅读部分显得有些简单了。这部分只用20分钟，要快速阅读5篇短文2600字，处理得有些匆忙。从教案看这个环节是训练学生快速阅读的，如何指导学生快速阅读、如何跳跃障碍、如何捕捉主要信息，都应有不同的方法。

3. 总结环节也略显简单了。这部分是对所学内容的总结和提升，不宜简单用PPT展示，让学生读一遍就结束。不妨启发学生回顾所学的重点词语、句式和阅读技能，而后教师加以说明强调。

教案 2

网虫状态

任课教师：吴霄岳

一 课型

中级汉语阅读

二 使用教材

《汉语阅读速成》（中级篇）第 10 课

（朱子仪编著，北京语言大学出版社，2011 年第 2 版）

三 教学对象

掌握了 2500 个左右汉语词汇的汉语进修生，共 16 人，来自 6 个国家，以日、韩等亚洲学生为主。

四 教学目标

1. 培养快速阅读能力。

（1）训练学生在规定时间内，对指定内容进行阅读理解，完成配套练习。

（2）培养学生从宏观角度把握文章的篇章结构、作者观点的能力及意识，在此基础上细读文章，完成各种阅读任务。

2. 阅读技巧

（1）训练抓主要观点的几种方法：提取主词、提取中心句及归纳法。

（2）根据上下文猜测词义。

（3）利用标志词提高阅读速度，加强理解。

3. 学习策略

引导和培养学生任务阅读的能力。

五 教学内容

1. 检查课前阅读的完成情况（《青少年网络成瘾问题》阅读练习）。
2. 课文《网虫状态》及练习。
3. 补充阅读两篇:《15% 美国人不上网》《网络带走了什么》。

六 教学重点和难点

1. 词汇：准确理解重点生词“虚幻”“截然不同”“引人入胜”等词的意思，同时熟悉与网络有关的词汇。
2. 课文：细读与快读相结合，阅读量大。
3. 阅读技能：

（1）识别标志词，利用标志词提高阅读效率。

（2）练习猜词和跳读的阅读技能。

七 教学方法

1. 从课前预习材料入手，引出新课内容。
2. 课堂教学按照课前热身——正课学习——拓展练习的顺序，层层推进。
3. 运用多媒体辅助教学。
4. 精讲多练，讲练结合，细读与快读结合。

八 教学时间

全课共 4 学时，本次课为 1、2 学时，共 100 分钟。

九 教具

PPT、多媒体和补充阅读材料。

十 教学步骤

第1、2课时

一、检查课前阅读的完成情况

课前已将《青少年网络成瘾问题》发给学生，要求学生课前完成练习。课上领着学生对答案，帮助学生熟悉网络相关词语，并引出本课学习的重点阅读技巧——标志词。

文章《青少年网络成瘾问题》及练习见附录。

【过渡语】

通过阅读这篇文章，我们知道了网络对青少年的吸引力有多大，那么这些喜欢上网的网虫们到底是什么样子呢？我们来看今天的课文——《网虫状态》。

二、新课学习

（一）生词学习

先来看看同学们对生词词义的掌握，看幻灯片

给生词选择恰当的解释：

1. 只要不断努力，梦想就不再<u>虚幻</u>。（　）

A. 不真实　　B. 不可能

2. 不要轻易相信网络<u>流言</u>。（　）

A. 别人留下的话　B. 流传的没有根据的话

3. 姐妹俩的性格<u>截然不同</u>，一个外向，一个内向。（　）

A. 有些不一样　　B. 完全不一样

4. 没有了父母的<u>约束</u>，我在北京想做什么就做什么。（　）

A. 限制　　B. 监督

5. 玩游戏会上瘾，有些孩子因此不能<u>自拔</u>。（　）

A. 主动地从痛苦或罪恶中解脱出来　B. 提高自己

6. 在桂林，有很多<u>引人入胜</u>的风景。（　）

A. 很出名　　B. 吸引人

（二）课文学习

【过渡语】

看来同学们课前做了认真的预习，这为我们接下来阅读课文打下了好的基础。下面我们就进入今天课文的阅读与学习。请打开书，翻到 117 页。大家数一数这篇文章有多少段，给每段先标上序号。

快读全文（第 1 遍），1162 字，阅读时间：6 分钟

1. 采用扫描式阅读快读全文，概括每一段的主要内容，可以用一个词、一个词组或者一句话来概括。

老师提醒：阅读时，不要查词典、不要指着读，也不要读出声音。

第 1 段——网虫是每天在网上泡好几个小时的人（第 1 句话）
第 2 段——网名（网虫的网络名字）
第 3 段——网虫的（聊天）感受
第 4 段——聊天内容（谈论）
第 5 段——聊天方式（说话）
第 6 段——网络很虚幻，和现实生活往往不一样
第 7 段——网虫的表现和生活中的他可能是截然不同的
第 8 段和第 9 段——泥巴（网络聊天游戏）
第 10 段和第 11 段——网络的引人入胜之处（吸引人的地方）

课前事先将段号写在黑板上，上课时根据学生的回答板书每段的主要内容。

2. 分析

（1）第 3、4、5 段都是谈网络聊天的，分别说明了聊天的感受、内容和方式。

（2）第 6 段和第 7 段讲了同一个问题——网虫的网络表现和生活中的他可能是截然不同的，所以可作为一个部分。

（3）第 1 段说明了"网虫"是什么样的人？——每天在网上泡好几个小时的人。我们就会问为什么他们会在网上这么久呢？最后一段回答了这个问题，告诉我们"网络的引人入胜之处"。前后是呼应的，有联系的。

【过渡语】

经过我们一起分析，大家是不是对文章的结构有了大概的了解呢？好，下面

我们进行第二遍阅读，分段阅读，来把握一些文章的细节。

分段阅读（第2遍）

1. 阅读第1段（1分钟），回答问题

（1）作者当年一个人在北京时的生活是怎样的?

（2）“分不清虚幻与现实”这句话里的“虚幻”是谁的特点?

重点词：**泡**——“网虫就是那种每天都忍不住想上网**泡**几个小时的人。”

周末的晚上，小王常常和朋友去**泡**酒吧。

在咖啡馆里**泡**一下午对我来说是种享受。

泡：没有价值地长时间做某事。

2. 阅读第2段（1分钟），回答问题

（1）网虫一般有几个名字，他们更喜欢哪个?（两个，后者（网名））

（2）起网名讲究什么?（酷，有个性）

PPT显示：

> “几乎每个网虫都拥有两个名字，一个是生活中用的名字，父母给起的；另一个是自己起的，网上专用。”

老师分析：

大家看这个句子，先总的说网虫有两个名字，然后用“一个是”“另一个是”来分别说明，像“一个是”“另一个是”这样的词对我们阅读文章很有帮助，我们把这样的词叫作“标志词”。

PPT显示：苹果电脑和耐克鞋的图片

老师问学生产品的牌子，从而让学生明白标志对产品的重要标识作用，然后类比标志词对于文章的重要作用和意义，进而指出“一个是”“另一个是”表示的是“分说”。

然后引出其他表示“分说”的标志词：

一是……，二是……，三是……

一方面……，另一方面……

有的……，有的……，还有的……

3. 读第 3、4、5 段，做练习（1.5 分钟）

（1）判断对错：

①网虫上网的感觉就像乡下人第一次乘电梯的感觉。（　）

②网上谈论和涉及的内容都是生活中常谈的。（　）

③网上有特定的词汇，只要够酷便会流行开来。（　）

（2）这三段有没有标志词呢？

有，请看句子：

PPT 显示：

“太奇妙了，这就**像**乡下人第一次乘电梯的感觉。”（第 3 段）

分析：

像：也是标志词，它表示什么呢？大家想一下。对，表示“比喻”。

表示“比喻”的标志词还有：好像、好比、打一个比方。

PPT 显示：

“……，但在网上，没有人会看到你脸红。”（第 4 段）

分析：

但：标志词在哪儿，对“但”也是标志词，它表示“转折”。

表示“转折”的标志词还有：但是、可是、不过、而、却、然而。

PPT 显示：

“‘大虾’即‘大侠’，由于网虫们总是弯着腰坐在电脑前，更像‘大虾’”。（第 5 段）

分析：

由于：表示“原因”的标志词，这样的标志词还有：

因为……，（所以）……；由于……；……的原因是……

之所以……，是由于（因为）……；……的缘故

因此；致使

即："即"也是个标志词，它表示什么呢？大家请看这个句子：

HSK 即汉语水平考试。

"即"表示"前后意思相同"。

表示"前后意思相同"的标志词有：

即；换句话说；也就是说；具体地说

跟……一样；与……相似

相同的；同样的

4. 读第 6、7 段（1.5 分钟）

（1）判断对错

在网上对性别往往难以分辨。（　）

一个人现实中的性格可能和网上表现不同。（　）

（2）句义理解

"也有的美眉被流言所迫，只好自报身份：'我真的是女的。'"

想一想，"流言"会是什么呢？

"你不是盗版的吧？"为什么这么问？

（3）找标志词

大家快速找一找，这两段有没有表示"分类"和"原因"的标志词。

表示"分说"：有的……，有的……，有的……，也有的……

表示"原因"：由于

还有一个标志词——……，结果……

"结果"表示"结论概括"。这样的标志词还有：

总之、总而言之、综上所述、简而言之

可见、由此看来、一言以蔽之

到这里，我们学了很多种标志词，咱们一起来总结一下：

标志词总结

	作用和意义	标志词
篇章结构	分说	一是……，二是……，三是…… 一方面……，另一方面…… 有的……，有的……，还有的
	前后意思相同	即　换句话说　也就是说　具体地说 跟……一样　与……相似 相同的　同样的
	结论 / 总结	总之　总而言之　综上所述　简而言之 可见　由此看来　一言以蔽之
	原因与结果	因为……，（所以）…… 由于…… ……的原因是…… 之所以……，是由于（因为）…… ……的缘故 因此，…… 致使…… 由此看来，……
	转折	但是　可是　不过　而　却　然而
修辞	举例	例如　比如　举一个例子　如
	比喻	好像　好比　打一个比方
	对比	（与此）相反　表面上……其实……　反过来　反面
其他	信息来源	根据　据　正如……所说的　前面已经提到

（4）技能——猜测词义

有的美眉并不漂亮，但才气逼人，让所有男网虫倾慕。

分析：

“不漂亮”是缺点，“但”表示转折，那么“才气逼人”是说有才能还是没才能呢？——引导学生说出“有才能”。

“由于没有任何的约束，拘谨的人在网上可以表现得热情奔放，地位卑微的人在网上可以受到全国网虫的尊敬。”

分析：

前面说“网虫的表现和生活中的他可能是截然不同的”，“拘谨的人在网上可以表现得热情奔放”，网上热情奔放，生活中拘谨，“拘谨”是什么意思？——引导学生说出“不热情，不放松”。

“地位卑微的人在网上可以受到全国网虫的尊敬。”生活中一般地位怎么样的人受到尊敬呢？地位高的人。这段说“网虫的表现和生活中的他可能是截然不同的”，那么我们可以判断，这里的“卑微”是说地位高还是低呢？——引导学生说出“地位低”。

这部分有些词语不容易理解，请大家根据已知词猜猜下面词语的意思：

△ 相差甚远
已知：甚——很　相差甚远——差得很远
△ 大为惊讶
已知：惊——吃惊　大为惊讶——很吃惊
△ 大失所望
已知：失望　大失所望——很失望

5. 读第 8、9 段（1 分钟），回答问题

“泥巴”是一种什么样的游戏？
网虫们为什么喜欢玩“泥巴”？

（1）角色扮演（可以成为任何一个人）
（2）没有图画只有文字
（3）你可以做想做的任何事（= 随心所欲，复习过去学过的词，第 5 课《不想做爸爸》有这样一句：“如果有了孩子，就不能随心所欲做自己想做的事。”）

6. 读最后两段（半分钟），请回答：

网络为什么吸引网虫？

PPT 显示：

没有“界限”“距离”“障碍”，和现实生活不一样，所以他们喜欢。

第二遍读完后，再回看每一段内容，带着学生分析得出：每一段都是在说明网络对网虫有着巨大的吸引力，这正好与最后一段提出的“引人入胜之处”一致，形成了一个内容主题统一的整体。

提问学生：

作者对网虫这么喜欢上网是什么态度呢？（D）

A. 批评　B. 羡慕　C. 支持　D. 文章没有说

概览全文（第 3 遍）

要求学生在 2 分钟里，在第 2 遍细读课文深化理解的基础上，分析课文的语篇层次、衔接手段、文章主旨。最后在教师的引领下，共同总结出来。

【过渡语】

问大家几个问题。你们喜欢上网吗？你们上网做什么？

看来大家都上网，那么作为世界上最发达的国家，美国是不是人人都喜欢上网呢？要想知道答案，我们就来看补充材料第一篇文章《15% 的美国人不上网》。

三、补充材料阅读与练习（略，文章及练习见附录）

四、总结及布置作业

1. 总结

（1）围绕“网络”进行了 2500 字左右的主题阅读，熟悉了网络词语，了解了如何用汉语表达网络对人们生活的影响。

（2）阅读技能：a. 通过主词、中心句或归纳法抓住文章及段落的主要内容

b. 标志词

c. 猜测词义

2. 作业

（1）阅读补充文章三《放下手机，不做“低头族”》，回答问题。

（2）到 http://www.51diaocha.com/w/1052476.htm 填一份“使用手机情况调查问卷”，填完后把自己的调查结果记下来，下次上课告诉大家。

十一 板书

第10课 网虫状态

第1段——网虫是每天在网上泡好几个小时的人
第2段——网名（网虫的网络名字）
第3段——聊天的感受
第4段——聊天内容
第5段——聊天方式
第6段——网络很虚幻，和现实生活往往不一样
第7段——网虫的表现和生活中的他可能是截然不同的
第8段和第9段——网络游戏（泥巴）
第10段和第11段——网络的引人入胜之处（吸引人的地方）

十二 教学后记

课上较为顺利地完成了教学任务，时间分配比较合理。据课后学生反映，阅读量适中，和平时上课强度接近。但教学语言还不够准确精炼，偶有口误，还需课前做好设计。

十三 教学思路

本次课的教学内容是《汉语阅读速成》（中级篇）第10课的主课文——《网虫状态》，教学对象为汉语速成学院D班的学生，汉语水平相当于HSK四到五级，掌握词汇量在2500词以上，能进行日常性的语言交际，掌握汉语基础语法，有一定的汉语阅读能力。通过学期初的问卷调查及之后的课间询问，教师了解到，这个等级的学生在中文阅读方面普遍存在以下问题：

1. 平时没有养成汉语阅读的习惯，阅读量小。

2. 词汇量有限，阅读速度慢。

3. 对阅读技能缺乏了解，且不能利用其辅助阅读。

针对上述问题，我在平时的阅读课教学中，有意引导学生养成课上、课下良好的中文阅读习惯，在加大阅读量的基础上，培养学生的速读能力，特别重视阅读技能的教授和训练。而在本课的设计上，也遵循了一贯的教学原则，具体如下：

一、课上学习与课下学习有机结合

采取课上学习与课下学习相结合、补充内容辅助正课内容的教学思路，将教学过程分为课前预习阅读、课上阅读和课后延伸阅读三大部分。

课上阅读除了学习正课内容，还有两篇补充文章的阅读练习。因此，学生除了课文，还要阅读4篇补充材料，5篇文章加起来阅读量达到了2934字。需要指出的是，这样的阅读量在平时教学时就已经体现，学生可以接受，不存在适应不了的问题。

我认为，要想尽快提高学生的阅读理解能力，阅读量就一定要大。如果仅仅满足于课本中每课两篇文章的阅读，学生一学期下来阅读量十分有限。当然，在选择补充材料时不可过于随意，应注意文章的典型性、规范性和时代性，在内容上要与主课文保持相关性，难易适中，重点词汇复现率高，能够让学生主动使用课文所学的阅读技巧。

二、培养快速阅读能力

训练学生在规定时间内，对指定内容进行阅读理解，完成配套练习。培养学生从宏观角度把握文章的篇章结构、作者观点的能力及意识，在此基础上细读文章，完成各种阅读任务。

三、阅读技能训练

之前的研究普遍认为，阅读技能是阅读课训练的核心内容，我同意这种观点。根据课文特点，我主要设计了三种阅读技能的训练：

1. 抓住段落的主要观点：提取关键词、提取主句、归纳法。

2. 根据上下文猜测词义。

3. 利用标志词提高阅读速度，加强理解。

前两种阅读技能在此前的教学过程中有所介绍和训练，属于已学技能，需要在整个阅读课教学过程中贯穿始终，在本课属于复习强化。

而第三种技能是本课的教学重点，尽管学生对这类词并不陌生，但缺少系统地学习和利用它们帮助阅读的意识，因此本课紧密结合课文出现的词句，带领学生逐一梳理出现的各类标志词，了解它们各自所表示的意义和作用，最后总结成图表。然后通过课中、课后的大量练习，促使学生主动利用标志词分析文章，获得学习的成就感。

下面谈谈教学步骤。我认为阅读课的教学行为绝不仅仅体现在有限的课上时间里，而是应该延伸到课前及课后，充分调动学生的积极性和参与性，变“要我读”为“我要读”，使他们感受到阅读的乐趣与成就感。

一、课前预习

预习包括两个方面：一是生词及注释的预习，因为课上时间有限，老师要求学生课前必须自行掌握词义；二是阅读文章完成练习。本课内容涉及人与网络关系的探讨，因此教师选取了一篇名为《青少年网络成瘾问题》的文章，学生在阅读时既可以熟悉网络词汇，又可以通过专门设置的填空练习对课上要讲的阅读技能（标志词）有一个初步了解。这种热身式的阅读可以为正式的课堂教学的开展扫除障碍。

二、课上学习

上课时，老师由检查课前预习作业开始，继而自然引出本课的学习内容。

1. 生词教学

生词教学在阅读课教学中必不可少，但所占比重不应过大。应充分发挥学生自主学习的能力，促使他们做好课前预习。上课时教师应有所选择地教授，不可面面俱到。选择的标准是那些不易揣测却对课文理解至关重要的词汇。可采用以练代讲的方式检查学生的掌握情况。比如在本课中，老师只选取了“虚幻”“流言”“截然不同”“引人入胜”等六个词，通过单项选择题的方式检查学生对词义的掌握情况。

2. 课文教学

课文教学无疑是阅读课的重头戏。本课课文的学习我采用了“三遍式阅读法”。所谓“三遍式阅读法”就是：

第一遍扫描式阅读。给学生提出阅读任务，要求在十分有限的时间里找出答案。这一步是引导学生“自上而下”地阅读，直接进入篇章的理解分析，从宏观上把握文章的脉络结构，改变那种“只见树木不见森林”的传统教学模式。

第二遍分段细读。通过设置练习帮助学生“自下而上”地挖掘每段内容，引导他们运用合理的阅读技能掌握词句所传递的有效信息，完成阅读任务。

第三遍概览式阅读。要求学生在极少的时间里，在第二遍细读课文深化理解的基础上，分析课文的语篇层次、衔接手段、文章主旨。最后在教师的引领下，共同总结出来。

“三遍式阅读法”强调以学生为中心，培养、激发学生的创造性思维，兼顾宏观与微观，自上而下与自下而上两种阅读模式交叉进行，在实际教学中取得了不错的效果。

3. 补充材料教学

我认为，相比于单篇文章的孤立阅读，多篇文章的主题式阅读更能有效训练学生在某个专题上的阅读能力。此外，由于课本的时效性，某些课文内容稍显陈旧，不能及时反映当下的生活状况，因而会降低学生的阅读兴趣。为此，我通常会选取两三篇与时下联系紧密的文章来巩固学习。本课也不例外。《15% 的美国人不上网》和《网络带走了什么》在内容及篇幅上都能满足教学要求。第一篇侧重于阅读技能标志词的训练，第二篇偏重于内容的解读，力求做到阅读技能与内容把握两者兼顾。此外，两篇文章的作者都表明了对网络的鲜明态度，与课文未做评价形成了对比，教师也应引导学生找出这种差别。

三、总结与作业

总结在这里不再赘述，主要是回顾学习内容，让学生感到学有所得。

谈谈作业的布置。课内阅读是基础，课外阅读是延伸与补充。鉴于课文内容反映的是 10 年前的社会情况，不太贴近学生们的现实生活，我特意找来了一篇名为《放下手机，不做“低头族”》的文章，让学生了解移动互联网时代背景下人们的生存状态，这不仅可以更好地引发学生的阅读兴趣，还能提高相关方面的汉语表达能力。第二项作业是登录某网站填写一份“使用手机情况调查问卷”，并要求学生填完后把自己的调查结果记下来，下次上课告诉大家。从实际效果来看，学生们也普遍欢迎这种学以致用的作业形式。

在教学手段上，本课充分利用多媒体课件，将教学内容展现给学生。在教学过程中，使用了扫描阅读法、问答法、分析法、归纳法、讨论法等方法，下面简要说明问答法和分析法的使用。

1. “问答法”能促使阅读者积极思考，是一种十分有效的方法。无论在略读全文时，还是在细读段落时，我都会提出相应问题，使学生带着问题读，以养成学生边阅读边思考的习惯。

2. 分析法主要运用在文章的语篇分析上。语篇指的是篇章结构的脉络、层次、文章的承上启下、语篇连接的结构等。进行语篇教学的目的就是让学生从宏观角度来解读文章，有意识地强化学生对语篇的概念，培养和提高学生的阅读能力和思想表达能力。教师在语篇教学中应该扮演引导者的角色，既不能放手不管，导致学生产生畏难情绪，也不能大包大揽，剥夺了学生主动学习的快乐与满足感。

以上就是我上中级汉语阅读第十课的教学思路，在实际开课过程中，基本能够按照教学设计完成教学任务，但还存在教学语言不够精炼准确、时间掌控欠精准等不足，本人会在今后的教学工作中不断改进与完善，做到精益求精。

附录

一 课前阅读材料及练习

● 阅读文章做练习（字数：453 字，阅读时间：4 分钟）

青少年网络成瘾问题

网络成瘾，是由于使用互联网引发的一种心理障碍，在青少年中最为常见。

上网成瘾的青少年对外界事物注意力涣散，而对网络内容却有独特、敏感的注意力。他们不能节制上网时间，作息没有规律，不听从劝告。沉迷网络可使人视力下降、神经紊乱、没有食欲，容易失眠、抑郁，引发紧张性头痛、免疫力降低、强迫症、神经衰弱等。网络成瘾者若被迫离网一段时间，会出现不舒服的症状，例如情绪低落、烦躁、容易发脾气、坐立不安、注意力难以集中等。

致使青少年上网成瘾的原因主要来自四个方面：（　　）是网络游戏。有研究者发现，玩儿网络游戏的多为男孩子，一旦迷上就会忘记时间而不能自拔。（　　）是网上聊天和电子邮件等。这些主要吸引在现实生活中性格内向、人际交往困难而又渴望与人交流的青少年。（　　）是网络黑客或制作个人网页。着迷于此的青少年一般是电脑高手，然而道德和法律意识淡薄，他们在网络技术操作中寻求自我肯定和自我表现的机会。(　　)是各种网站的新闻、传言、图文资料乃至色情信息。对此感兴趣的青少年自制力低，好奇心强，互联网上五花八门的信息令他们乐而忘返。

（来源：《科学》 作者：陆媛　有改动）

1. 一边读一边把有关网络的词语画出来，看看是否知道它们的意思。
2. 把适当的词语填到（　）里。
3. 选择正确答案：

（1）为什么青少年比其他人更容易上网成瘾？

A. 青少年的自制力低　　B. 青少年有比较多的时间上网

C. 青少年的上网技术不如成年人好　　D. 文章没有说

（2）根据本文，沉迷网络至少可使人身体出现几个问题？

A. 3　　B. 5　　C. 7　　D. 9

（3）青少年上网成瘾的原因不包括：

A. 网络游戏　　B. 电子邮件　　C. 个人网页　　D. 网络教学

二 课上补充阅读及练习

● **补充阅读（一）（字数：343 字，阅读时间：2 分钟）**

15% 的美国人不上网

人们愿意相信，作为头号发达国家，美国的网络使用应该是最普遍的。(　　)事实并非如此，(　　)皮尤研究中心（Pew Research Center）最近公布的研究发现，原来还有 15% 的美国人完全不使用互联网，9% 的美国人则只在家以外的地方上网，这不禁让人大感意外。

(　　)调查，在那些没有使用互联网的人中，只有 8% 的人希望接触网络，而其余的人则表示他们不感兴趣。

以下是一些人不上网的(　　)：34% 的人认为上网与他们无关，他们完全不感兴趣，不想使用或者不需要；8% 的受访者表示，他们担心隐私泄露、病毒、垃圾邮件或黑客；4% 的人认为这是浪费时间；其余则是有其他原因。

从上述的研究中不难看出，没有接触网络的人群对于网络的渴求并不强烈，甚至有的人认为网络对他们毫无作用。这种对网络的态度似乎很落后，但细想想，过去没有网络的时候，人们不也都能过正常的生活吗？

（来源：中关村在线　作者：尹芹　有改动）

1. 在文章的（　）里填上恰当的标志词。
2. 判断正误：
（　）根据调查，约 24% 的美国人不在家里上网。
（　）调查显示，34% 的美国人认为上网与他们无关。
（　）对网络不感兴趣或者不需要是这些人不上网的最大原因。
（　）作者认为，在现代社会，正常的生活离不开网络。

- 补充阅读（二）（字数：457 字，阅读时间：2.5 分钟）

网络带走了什么

如今，互联网已成为大多数人生活的一部分，如果突然没有了网络，许多人会感到不适应。网络的好处当然很多，比如方便、快捷，但是网络的坏处也不少，我们要看到网络对人生理上和心理上的影响。

首先，网络必须依赖电子产品，过分使用电子产品会使人劳累。以前就听说过有人由于长时间使用手机玩游戏导致中风的事，还有人得了手脚麻木的病症。

其次，由于网络传递信息的快捷，人们在日常交流中都更喜欢运用网络。这就造成了很大的问题，人与人之间的交流看起来紧密了，但实际上面对面的交流却减少了，甚至被完全取代了。

再次，网络使人沉溺于虚拟世界，脱离现实。与现实的社会生活不同，人们在网上面对的是一个虚拟的世界，在这里人们不必承担现实生活的压力和责任，不少人宁可整日沉溺于虚幻的环境中而不愿面对现实生活。而长时间泡在网上将对日常生活产生很大的影响，严重的甚至会导致网瘾，影响身心健康。

因此，适当远离网络的好处远比我们想象的多，离开网络我们可以有更多时间接触生活中的其他事情，比如和朋友到咖啡馆聊天，或者到公园等自然环境中远足，呼吸新鲜的空气，放松身心。

（来源：齐鲁晚报　作者：刘文忠　有改动）

阅读文章，然后回答下列问题，两人讨论：

（1）请找出这篇文章的主题句，用横线画下来。

（2）这篇文章使用了哪些标志词，分别表示什么？

（3）作者对待网络的态度是什么，请概括一下。

（4）你觉得网络最大的害处是什么？

● **补充阅读（三）（字数：519 字，阅读时间：3 分钟）**

放下手机，不做“低头族”

打电话、发短信、听音乐、刷微博、玩游戏、聊微信，作为必不可少的通信工具，手机的功能日益多样化，小小手机像一台小电脑，让人们越来越离不开它。餐厅里、地铁上、马路边，到处都可以看到低头玩手机的人，甚至是开着车、走着路的人，目光也舍不得离开手机一秒。他们就是日益壮大的“低头族”，“手机依赖症”已经成为他们的“通病”。

不可否认的是，“低头族”使用手机本身并没有错，因为相比其他的信息获取方式和沟通工具来说，手机更方便、更直接，能让人在第一时间知道新闻，可以在不适合讲话的时候通过字符和好友交流，可以通过图片的方式帮助人们记录风景，在迷路的时候还可以充当指南针。可如果每时每刻都在看手机就不妥了，手机需要回归到它的本来用途，不能让它绑住了人们的眼睛，捆住了人们的思想。

据美国调查统计，在美国人平均每个人每天至少拿起手机 34 次。一个关于香港手机使用率的调查报告中，甚至有受访者认为手机比恋人还重要。大街上、车厢里、饭桌前、聚会中，人们越来越多地把手机带入自己的生活。我们真的那么离不开手机吗？

其实，手机并非无时无刻不可缺少。朋友们，放下手机，离开手机中的信息网，去看看蓝天白云的可爱，亲近自然的美好，去认真感受你和家人相聚的温馨、和好友笑谈的快乐吧！

（来源：凤凰网　作者：黎洁琼　有改动）

回答问题：

1. 文章中谈到的“低头族”是群什么样的人？
2. “低头族”都有什么样的问题？
3. 作者建议“低头族”怎么做？
4. 你是不是“低头族”？读了这篇文章后，你会改变吗？

教师简介

吴霄岳，男，1978年8月出生，讲师职称，文学硕士学位。2004年7月参加工作，主要从事初级汉语教学工作，研究方向为比较文学，多年来从事中高级汉语综合课、口语课及阅读课的教学，已发表成果有著作（合著）《教师汉语课堂用语教程》（修订版）、论文《新感觉的中国味》等。

教案点评

姜丽萍

（北京语言大学国际汉语教学研究基地，教授）

阅读课是技能课，它不像综合课那样要训练学生的听、说、读、写的综合能力，而是以训练学生的阅读能力和技巧为重点，以培养学生养成汉语阅读习惯为目的，通过“读”加深对中国社会的认识和了解，开阔视野，提高素养。因此阅读课能否突出“读”的训练成为衡量阅读课优劣的重要标准之一。吴霄岳老师的这篇阅读课教案是以中级学生（掌握2500词汇量）为教学对象设计的，纵观整个教案设计，从多个角度突出了“读”的训练。

一、教学目标凸显课型特点

吴老师的教案目标明确，具体说来，一是培养学生快速阅读能力，二是培养学生阅读技巧，三是培养学生的阅读策略和方法。每个教学目标又通过下位教学目标的具体描述，使其具有针对性和可操作性。

在具体实施过程中，该教案又通过具体步骤逐级达成目标。比如培养学生快速阅读的能力，在这课中怎么体现呢？一是限时阅读，1162字，6分钟读完；二是培养快速阅读的方法，比如，从宏观把握篇章结构和作者意图，不纠缠细节；三是培养快速阅读的技巧，比如，告诉学生不要查词典、不要指读、不要出声读，等等。

在培养阅读技巧方面又是怎么体现的呢？一是引导学生猜词义，把词放在语境中，让学生根据上下文猜词义，这实际上也是在培养学生的学习策略；二是查找主题句；三是利用标志词提高阅读速度，这也是本课的重点。吴老师在处理标志词时，采用了布鲁纳所倡导的“发现法”。因为学生平时已经积累了一些标志词，但是并没有归纳和提升，吴老师通过细读环节引导学生边阅读边梳理，了解这些标志词的意义和作用，最后通过图表进行总结，学生是在“顿悟”和“发现”

中掌握这些词语的。

二、教学设计依靠理论支撑

吴老师的教案处处体现设计。教案首先体现了系统化理论，教学中通过课前预习、课上阅读、课下延伸阅读把课上和课下有机结合起来，这种设计也是在培养学生的学习习惯；再有就是通过“三遍阅读法”，即扫描式阅读、分段细读和概览式阅读，培养学生的阅读能力。

其次是体现了图式理论。“三遍阅读法”中的扫描式阅读，实际上是自上而下的阅读，而分段细读实际上是自下而上的阅读，最后概括总结。

第三是体现了建构主义教学理论。该教案以人为本，“以学生为中心”，引导学生主动参与，培养学生自我建构能力。吴老师教案的最大特点是具有生成性，也就是说，学生很多知识的获得不是教师灌输的，而是经过努力获得的，即教师的设计要符合学生的“最近发展区”。比如，生词不是靠教师解释，而是在语境中引导学生猜词，重点词语是通过给例句让学生理解，然后让学生选择答案等，整个设计学生能做的教师绝不代替，是学生在做、在参与、在完成任务。

三、教学过程使学生充满成就感

吴老师的教学过程是基于学生的已有水平和能力设计的，为了有针对性地教学，开学初吴老师对学生进行了问卷调查和访谈，了解到学生阅读的问题所在，在此基础上进行学期设计，然后具体落实在每一课中。在这课教案中，设计的问题难度是逐渐增加的，每一个环节都是在有铺垫的基础上层层深入的，学生在回答问题时能“跳一跳够得着”；本课中吴老师增加了4篇阅读材料，课前预习1篇，课中2篇，课后1篇，加上教材1篇，共5篇文章。这5篇文章难度适中，主题相关，内容丰富，学生每次上阅读课不但能学习课文中的阅读材料，还能学习课外的阅读材料，这次课正像吴老师总结的那样，围绕“网络”进行了2500字左右的主题阅读，熟悉了网络词语，了解了如何用汉语表达网络对人们生活的影响。这对学生是很有促进作用的。

吴老师的教案还有一些值得称道的地方，比如充分利用板书，重点难点突出，问题形式多样等，这里不一一赘述。

值得探讨的地方是：提供阅读材料时，一次课内的阅读量可否控制些，以便学生更有效地吸收。

教案 3

关于中式宴会改革的探讨

任课教师：黄　静

一　课型

中级新闻阅读

二　教材

《报刊语言基础教程》(下)

(肖立编著，北京大学出版社，2005 年第 1 版)

三　教学对象

汉语言专业本科二年级下的留学生。共 20 人，来自韩国、俄罗斯、哈萨克斯坦、捷克、马达加斯加、日本、泰国、意大利等 8 个国家，以韩国学生居多。

四　教学内容

27 课《关于中式宴会改革的探讨》的主课文。

五　教学目标

1. 使学生理解重点词语和重要句子。

2. 对一些词语进行适当的扩展，扩大学生的词汇量。

3. 训练和提升学生的阅读技能。

4. 使学生掌握相关词语和表述方式，并且了解中式餐饮文化的特点，能够就中式餐饮文化这一话题进行较为深入的讨论。

六 教学重点和难点

1. 把握课文的主要意思，弄清中式宴会改革的原因、难点和措施。

2. 理解重点词语和重点句子：首当其冲、奏效、见效甚微、观念一时转不过来、行得通、雷同、山珍海味、得心应手、不尽如人意等。

3. 阅读技能的训练：

（1）重在训练学生把握课文篇章结构特点（本文的总体结构为并列结构、改革策略部分的五个段落为"问题——解决"模式），以提高抓住文章主旨、厘清文章基本思路的能力。

（2）找出段落的中心句。

（3）找出长句子（长句式是报刊文体的特点之一）的主、谓、宾。通过抓句子主干，提高抗干扰、把握句子重点的能力。

七 教学方法

1. 课堂教学按照认读单词——串讲课文——完成课后练习的顺序进行，其中串讲课文通过提问和练习的形式来检测学生的理解程度。

2. 使用 PPT 辅助教学。

3. 设计小组活动，充分体现学生的主体性。

八 教学时间

全课共 4 课时，每课时 50 分钟。前两个课时学习主课文，后两个课时阅读补充的新闻材料。本教案为主课文部分。

九 教具

电脑和投影仪

十 教学步骤

第一讲

（第一、二课时，100 分钟）

一、组织教学（约 1 分钟）

二、导入新课（约 15 分钟）

1. 教师提问：你们喜欢吃中餐吗？为什么？不喜欢的同学理由是什么？

2. 小组报告（4 个小组分别用 3 分钟来陈述他们眼中中餐和中餐馆存在的问题，并提出解决之道）

3. 教师简单总结学生提出的问题，引导学生找出关键词：安全、卫生、营养、服务好、环境好，说明这是我们消费者对中餐和中餐馆提出的要求，看看课文里会不会谈到。

PPT 展示：

总　结

○菜品的问题：

油腻、菜量大、缺少特色、食品不够安全、放的调料太多、营养被破坏

○餐具的问题：

不卫生、不环保、有破损

安全、卫生、营养

○用餐环境的问题：

有人吸烟

○服务的问题：

服务不好、服务员没有责任感

环境好、服务好

三、认读生词（约 2 分钟）

教师领读一遍，学生齐读一遍，教师指出重点词语。

四、阅读课文（约 8 分钟）

先提出问题，让学生带着问题阅读课文，目的在于了解文章主旨、把握篇章结构。

问题：

1. 中式宴会为什么要改革？
2. 改革难度大不大？为什么？
3. 应该怎么改？哪些改起来比较难？为什么？
4. 中式宴会存在的问题有哪些？

五、指定学生回答问题（约 5 分钟）

1. 回答时先说明答案在第几段，存有异议的先不给出正确答案；

2. 问题 4 暂不作答，在分段阅读时进行处理；

3. 学生答完后，老师引导总结文章的主要内容（文章分为三部分：第一部分是为什么要改革（第 1 段），第二部分是难度大不大以及原因（第 2 段），第三部分是存在的问题和改革方法（第 3 ～ 7 段））。

PPT 展示：

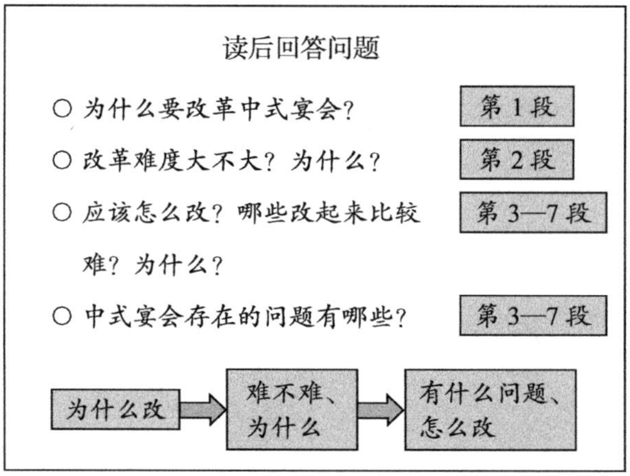

六、分段阅读，逐段检查理解情况，处理重点词和重点句（约 50 分钟）

1. 阅读第一段，读后回答问题：

◇ 现在的人们非常重视什么？——卫生、防病、健康

◇ 这对餐饮工作者有什么影响——认识到要更好地担负重任，中餐必须改革

◇ 处理重点句——餐饮行业要更好地担负起保障消费者饮食安全、卫生、营养的重任，中餐必须改革

◇ 点明句子结构——要……，必须……

◇ 找出“担负”的宾语中心词——担负……重任

◇ 什么重任？保障饮食安全、卫生、营养

◇ 简单地说就是——要保障饮食安全、卫生、营养，中餐必须改革

◇ 判断句意是否相同：

中餐不改革，餐饮行业就不能更好地保障消费者的饮食安全、卫生和营养。

PPT 展示：

> 第一段
>
> ○ 餐饮行业要更好地担负起保障消费者饮食安全、卫生、营养的重任，中餐必须改革。
> 要……，必须……
> 要保障饮食安全、卫生、营养，中餐必须改革。
>
> 判断句意是否相同：
>
> ○ 中餐不改革，餐饮行业就不能更好地保障消费者的饮食安全、卫生和营养。（相同）

◇ 中餐要改革，首先要改的是什么？——中式宴会首当其冲

◇ 处理重点词语“首当其冲”：

判断解释是否正确（课后练习三的 1）：

首当其冲：比喻首先应该解决的问题（√）

◇ 为什么首先要改革中式宴会？——因为宴会占据餐饮行业业务量的 80%

◇ 选择正确答案：

“宴会占据餐饮行业业务量的 80%”主要是指（C）

A. 场地：80% 的饭馆都是为宴会服务的

B. 人员：80% 的服务员都是为宴会服务的

C. 收入：80% 的营业额来自宴会收入

D. 时间：80% 的服务时间都用在宴会方面

PPT 展示：

第一段

○中餐要改革，宴会首当其冲
比喻首先应该解决的问题（√）
○宴会占据餐饮行业 80% 的业务量

A. 场地：80% 的饭馆都是为宴会服务的
B. 人员：80% 的服务员都是为宴会服务的
(C.) 收入：80% 的营业额来自宴会收入
D. 时间：80% 的服务时间都用在宴会方面

◇ 总结第一段，回答问题：

为什么要改革中式宴会？

提示词：……意识增强，中餐要……，必须……，而宴会……，所以……。

PPT 展示：

回答问题

○ 为什么要改革中式宴会？
○ ……意识增强了，中餐要……，必须……，而宴会……，所以……。
○ 人们卫生、防病、健康的意识增强了，中餐要更好地保障消费者的饮食安全、卫生、营养，必须改革，而宴会占 80% 以上的业务量，所以首当其冲。

2. 阅读第二段，读后回答问题：

◇ 改革中式宴会难度大不大？——难度很大

◇ 为什么？——因为涉及人们长期形成的传统饮食观念和生活习惯

◇ “涉及”的宾语是什么？——涉及……观念和习惯

◇ 餐饮企业自己努力有用吗？——餐饮企业单方面努力不能奏效

奏效的意思是：A. 起作用　　B. 有影响　　C. 加快速度　　D. 演奏

PPT 展示：

第二段

○ 改革难度很大
○ 涉及……观念和习惯
○ 餐饮企业单方面努力不能奏效

(A.)起作用　B. 有影响
C. 加快速度　D. 演奏

◇ 以前有没有人提出中式宴会应该改革？效果怎么样？——见效甚微

◇ “见效甚微”的意思是：A. 效果很明显　B. 效果很小
C. 一点儿效果都没有　D. 甚至看到了效果

书面语“甚”用口语怎么说？“微”呢？

◇ 为什么见效甚微？原因清楚吗？是一个原因还是有很多？——种种原因

PPT 展示：

第二段

○ 以前有人提出，但见效甚微

A. 效果很明显
(B.)效果很小
C. 一点儿效果都没有
D. 甚至看到了效果

○ 由于种种原因

◇ 总结第二段，回答问题：

改革中式宴会难度大不大？为什么？

提示词：难度……，因为涉及……，……不能奏效

PPT展示：

回答问题

○ 改革中式宴会难度大不大？为什么？
○ 难度……，因为涉及……，……不能奏效
○ 改革中式宴会难度很大，因为它涉及人们的传统饮食观念和生活习惯，餐饮企业单方面努力不能奏效。

3. 提示性总结改革应抓住几个方面及其难易程度

（1）提问：作者认为改革中式宴会应该抓住几个方面？哪些改革起来最难？为什么？

——应该抓住五个方面，涉及观念和习惯的改起来最难。第一、第二、第五是涉及观念和习惯的，第三和第四是餐饮企业单方面的。

（2）出示结构图（报刊文章的典型结构——并列结构，对并列结构的特点是无偏重加以说明）。

PPT展示：

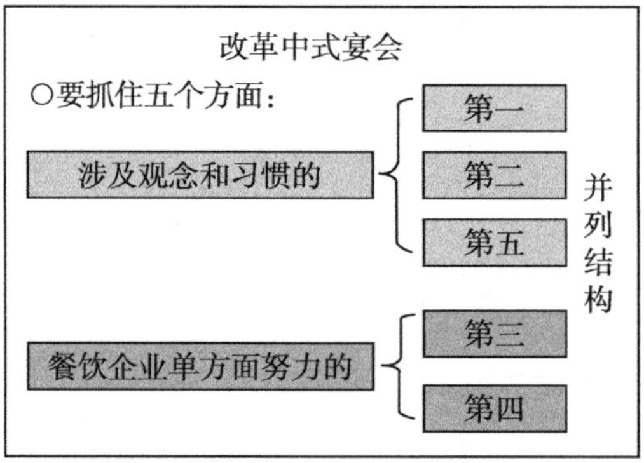

4. 下面我们先看涉及观念和习惯的改革：

（1）阅读第三段，读后回答问题：

◇ 这段话的中心句是什么？——推行分食制

◇ 分食制是什么意思？为什么要实行分食制？——大家一起吃不卫生（文中没有提到，需要学生自己发挥，教师可适当进行引导）

◇ 大家一起吃的好处是什么？——气氛热闹

◇ 中国人觉得热闹重要还是卫生重要？又想卫生又想热闹，怎么办？
——使用公筷、公勺（要向学生说明热闹、快乐压过对卫生的担心，中国人的智慧是“公筷”之类）

◇ 推行分食制难度大不大？为什么？——难度很大，主要是顾客观念一时转不过来

◇ 判断解释是否正确（课后练习三的2）：

观念一时转不过来的意思是：看法在短时间内不可能改变（√）

“一时”的意思是什么？“转不过来”呢？

◇ 大家的观念短时间内改不过来，那长时间呢？人们能接受分食制吗？
——行得通

◇ 判断解释是否正确（课后练习三的3）：

行得通的意思是：比喻大家能够理解（×）

正确的解释是什么？它的否定形式呢？

◇ 检查对作者观点的理解情况：

判断正误：

作者觉得分食制是一个非常好的选择，但是从长远来看，在中国难以实现。（×）

PPT 展示：

第三段　　涉及观念和习惯的
推行分食制： ○顾客观念一时转不过来。 　短时间内不可能改变（√） ○从长远来看，只要坚持，还是行得通的 　比喻大家能够理解。（×） 判断正误： 作者觉得分食制是一个非常好的选择，但是从长远来看，在中国难以实现。（×）

（2）阅读第四段，读后回答问题：

◇ 看图片，从这一段中找出合适的词语来说明图片——引出“菜多量大”“搭配欠佳”“营养过剩”等词语，通过提问（搭配得好还是不好？营养太多还是太少？）弄清意思。

◇ 这些问题都是好的还是不好的？——引出“弊端”一词

◇ “菜多量大”为什么说是弊端？——容易造成浪费（文中没有提及）

◇ 有这么多弊端，应该怎么改？——菜点合理配置，保持膳食均衡

◇ 找宾语中心词：中式宴会普遍存在菜多量大、菜谱雷同、搭配欠佳、营养过剩等弊端。

◇ 中式宴会存在哪些弊端？——菜多量大、菜谱雷同、搭配欠佳、营养过剩

◇ “雷同”的意思是相同还是不同？

◇ 改革这些弊端最主要的是什么人要改变观念？——厨师要改变观念

◇ 厨师应该怎么做？——菜多量大 ⟹ 品种数量适当

菜谱雷同 ⟹ 设计不同风味的菜谱

搭配欠佳，营养过剩 ⟹ 用创新代替山珍海味的堆积

◇ 判断解释是否正确（课后练习三的 4）：

山珍海味的意思是：制作得非常漂亮的食品（×）

“珍”的意思是什么？“山珍海味”正确的意思是什么？

◇ “堆积”的意思是放在一起，把珍贵的食品都放到菜里，营养会怎么样？——会过剩

◇ 应该怎么改革？——应该创新

PPT 展示：

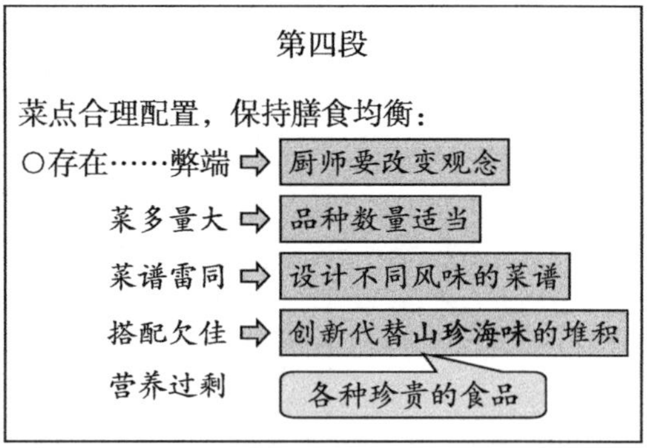

◇ 检查对重点句“用创新代替山珍海味的堆积”及本段主旨的理解：

现在的烹饪技术人员的做法是（D）

A. 力争做到品种数量适当　　B. 设计不同风味的菜谱

C. 创新　　D. 把山珍海味堆积在一起

烹饪技术人员正确的做法应该是（A）

A. 合理搭配，保持营养均衡　　B. 菜量要大、营养要丰富

C. 菜的外观要很漂亮　　D. 菜里要放很多山珍海味

怎样才能做到“合理搭配，营养均衡”呢？——厨师改变观念、创新

PPT 展示：

选择正确答案
现在的烹饪技术人员的做法是（　　）
○ A. 力争做到品种数量适当
○ B. 设计不同风味的菜谱
○ C. 创新
○ D. 把山珍海味堆积在一起

选择正确答案
烹饪技术人员正确的做法应该是（　　）
○ A. 合理搭配，保持营养均衡
○ B. 菜量要大、营养要丰富
○ C. 菜的外观要很漂亮
○ D. 菜里要放很多山珍海味
改变观念、创新

（3）阅读第七段，读后回答问题：

◇ 这一段的中心句是什么？——消除宴会中的陋习

◇ 宴会中有哪些陋习？——席间吸烟、饮酒过量、用餐费时、不文明现象（猜拳、劝酒——看图片说出）

◇ 要消除这些陋习容易吗？——并非易事

◇ 为什么不容易？——因为有人认为这是传统宴会文化的组成部分

◇ 改革应该怎么做？——抓住契机、循序渐进

◇ 检查对作者观点的理解情况：

判断正误：

虽然有很多宴会陋习，但是作者认为如果能够抓住当前全社会整治生活陋习的契机，这些陋习会在短时间内消除。（×）

PPT 展示：

第七段
涉及观念和习惯的
○消除宴会中的陋习：
○陋习：席间吸烟　饮酒过量　用餐费时　不文明现象
○消除陋习并非易事
○抓住……契机　循序渐进

判断正误
○ 虽然有很多宴会陋习，但是作者认为如果能够抓住当前全社会整治生活陋习的契机，这些陋习会在短时间内消除。（　　）

5. 下面来看餐饮企业单方面努力可以完成的改革：

（1）阅读第五段，读后回答问题：

◇ 这一段的中心句是什么？——培训服务人员，优化服务规范

生词扩展：adj+ 化——净化、绿化、简化、复杂化、美化、丑化……

◇ 找宾语中心词：餐饮行业普遍存在重烹饪技术人才，轻餐饮服务质量的倾向

◇ 餐饮行业存在什么样的倾向？——重烹饪技术人才，轻服务质量

◇ “重”的意思是什么？ “轻”呢？——重视、轻视

◇ 应该怎么改革？怎样培训服务员？——服务人员：不仅要态度热情、周到，还要熟练掌握技能

◇ 服务员要掌握哪些技能？——得心应手地操作派菜、分食，并指导客人从中学到知识和诀窍

◇ 判断解释是否正确（课后练习三的 5）：

得心应手的意思是：熟练（√）

◇ 检查对本段主旨的理解：

在谈到培训服务人员时，作者特别强调的方面是（C）

A. 服务人员要有热情周到的态度

B. 服务人员应该向烹饪人员学习

C. 服务人员应该能够熟练地给客人分配菜点

D. 包括以上所有的内容

哪个词说明作者特别强调这一方面？——尤其是……

PPT 展示：

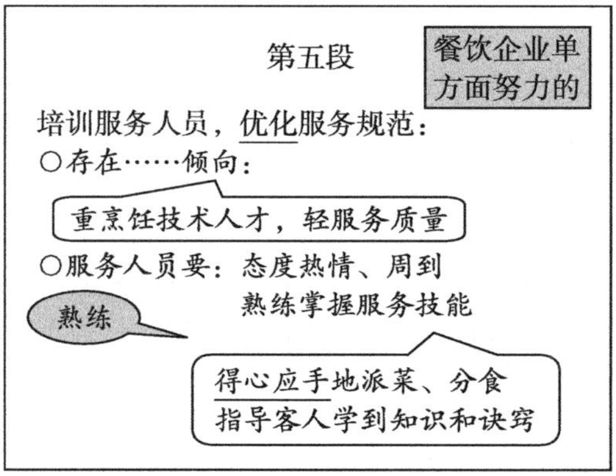

> 选择正确答案
>
> 在谈到培训服务人员时，作者特别强调的方面是（　　）
>
> ○ A. 服务人员要有热情周到的态度
> ○ B. 服务人员应该向烹饪人员学习
> ○ (C.) 服务人员应该能够熟练地给客人分配菜点　尤其是得心应手地……
> ○ D. 包括以上所有的内容

（2）阅读第六段，读后回答问题：

◇ 这一段说的是什么方面的改革？——用餐环境

◇ 用餐环境有什么问题？——环境与空气质量不尽如人意

◇ “不尽如人意”的意思是（D）

A. 让人完全没有想到　　B. 让人完全不能满意

C. 完全不像人们想的那样　　D. 不完全让人满意

生词扩展：“不尽相同”的意思是什么？

◇ 空气质量有什么让人不满意的地方？——通风换气主要靠空调

◇ 应该怎么改革？——改善用餐环境，保持空气自然流通（提示学生说出）

PPT 展示：

> 第六段　餐饮企业单方面努力的
>
> 用餐环境：
> ○环境和空气质量不尽如人意：通风靠空调
>
> A. 让人完全没有想到
> B. 让人完全不能满意
> C. 完全不像人们想的那样
> (D.) 不能完全让人满意
>
> ○改善用餐环境，保持空气自然流通

6. 总结课文的第三部分（3～7段）：

改革中式宴会应该怎么做？哪几点最难？为什么？

PPT 展示：

改革中式宴会应该：

○第一，推行分食制；
○第二，菜点合理配置，保持膳食均衡；
○第三，培训服务人员，优化服务规范；
○第四，改善用餐环境；
○第五，消除陋习

涉及观念和习惯

七、根据课文内容填表（楷体字部分为空白处）（约 12 分钟）

操作说明：

1. 学生分组完成；

2. 表填好后，如果时间允许可以适当进行口头表达的训练，让学生就某一个方面说一段话，说明在某一方面存在什么问题，相应的改革方法是什么（“问题—解决”模式）；

3. 练习口头表达时，要提醒学生注意口语和书面语的区别（书面语：“存在……的弊端”，口语：“存在的弊端有：……”或者“存在一些弊端，比如……”）。

方面	存在的弊端	改革方法
进餐方式	大家一起吃不卫生	推行分食制 使用公筷、公勺
宴会菜点	菜多量大、菜谱雷同、 搭配欠佳、营养过剩	合理配置，保持营养均衡， 厨师要创新
服务	轻视服务质量	培训服务人员（态度＋技能）， 优化服务规范
用餐环境	环境和空气质量不尽如人意 （通风靠空调）	改善用餐环境， 保持空气自然流通
就餐习惯	有很多陋习	抓住契机，循序渐进， 消除陋习

八、完成课后练习（约 5 分钟）

做课后练习四“选择正确答案”和练习二“动宾连线”。

九、小结（约2分钟）

- ✧ 首当其冲
- ✧ 奏效
- ✧ 见效甚微
- ✧ 观念一时转不过来
- ✧ 行得通、行不通
- ✧ 雷同
- ✧ 山珍海味
- ✧ 得心应手
- ✧ 不尽如人意

十、布置作业（约1分钟）

1. 阅读补充新闻《华侨华人海外掀起“中餐热”》，完成练习。

2. 每人准备一句话新闻。

3. 两名学生准备3—5分钟的新闻介绍。

十一 板书

第27课　关于中式宴会改革的初探

首当其冲

奏效

见效甚微

分食制 { 卫生 / 不热闹 }

公筷、公勺

一时

转不过来

行得通、行不通

雷同

山珍海味

优化、净化、绿化、简化……

重视、轻视

得心应手

不尽如人意、不尽相同

十二 教学后记

课文的导入采用了小组报告的形式，这样的团队活动既增进了学生之间的交流，也使他们对课文提出的话题理解得更为深入，同时还活跃了课堂气氛。课后我进行了反思，觉得一个安排不太妥当的地方是没有为小组活动限定范围。教师应该指定每一小组所要调查的方面，或者限定一个大致的范围，这样可以避免重复和雷同。

课堂上通过大量补充练习有效检验并加深了学生对课文的理解程度，与课后练习形成互补。多媒体的使用大大提高了课堂效率，可以在短时间内把更多的练习题以不同的形式呈现给学生，既是重要的检测手段，也是阅读语料的补充，学生的认读速度得到了提升。

附录

一 生词

餐饮

首当其冲

奏效

烹饪

膳食

弊端

山珍海味

豪华

气派

陋习

猜拳

酗酒

循序渐进

二 课文

现在人们“卫生、防病、健康”的意识大增。餐饮工作者深刻认识到：餐饮行业要更好地担负起保障消费者饮食安全、卫生、营养的重任，中餐必须改革，特别是占据餐饮行业业务量80%以上的宴会，首当其冲。

中式宴会改革是一项难度很大的项目，不是餐饮企业单方面努力可以奏效的，因为它涉及人们长期形成的传统饮食观念和生活习惯。早在20世纪90年代初期，餐饮行业主管部门和烹饪界有识之士就提出中式宴会改革的呼吁，由于种种原因，见效甚微。我认为，目前改革应该主要抓住以下几个方面：

一、推行“分食制”。这是中式宴会改革的重要内容，也是一大难点。主要是顾客观念一时转不过来，还是习惯那种大家一起吃的热闹气氛。但从长远角度来看，以及根据高档宾馆、饭店正在实行的“分食制”做法，我们相信，只要坚持不懈，这项改革还是行得通的。

二、宴会菜点合理配置，保持膳食均衡。目前，中式宴会普遍存在菜多量大、菜谱雷同、搭配欠佳、营养过剩等弊端。这方面的改良，首先是烹饪技术人员要改变观念，力争做到品种数量适当，设计不同风味的宴会菜谱，用创新代替山珍海味的堆积。

三、中式宴会改革还有一个重要课题，就是培训服务人员，优化服务规范。目前餐饮行业普遍存在重烹饪技术人才，轻餐饮服务质量的倾向。服务人员不仅要有热情、周到的态度，而且要熟练掌握各项服务技能，尤其是要得心应手地操作“派菜、分食”，并指导客人从中学到知识和诀窍，使客人真正享受美食风味与服务艺术融合的乐趣。

四、改善各类餐饮企业的用餐环境，也是宴会改革不容忽视的环节。现在绝大多数宾馆、饭店、酒楼片面追求装修设计的豪华气派，可是环境与空气质量不尽如人意。很多餐厅和包厢，处于封闭和半封闭状态，通风换气主要依赖空调解决。在这样的环境中聚餐，容易引起呼吸道疾病，危害身体健康。

五、逐渐消除宴会中的陋习，是宴会改革的又一大难点。陋习主要表现在：席间吸烟、饮酒过量，用餐费时，有的还出现猜拳、劝酒、酗酒等不文明现象。有的人还认为这是中国传统“宴会文化”的组成部分，所以，要消除这些陋习并非易事。但我们必须抓住当前全社会整治生活陋习的契机，坚持不懈地努力，先易后难，循序渐进，一定会收到理想的效果。

（890 字）

教师简介

黄静，女，1975 年 9 月出生，博士，2003 年参加工作，现为北京语言大学汉语学院教师，长期从事新闻语言基础和文化课的教学与研究。

教案点评

刘希明

（北京语言大学，教学督导组专家）

这是一份二年级下学期的报刊阅读教案。黄静老师把本课内容分成两部分，共四课时完成。这里展示的是第一部分（第一、二课时）的教案。

本教案有以下突出特点：

一、规范

教学过程完整，项目齐全，内容翔实。黄老师对教学内容非常熟悉、教学目标明确、教学重点突出、教学方法得当、教学环节清楚、环节之间过渡自然、多媒体运用合理、让读者一目了然。一个合格的对外汉语老师拿到这个教案后，稍加准备就可以去上课。教案充分体现了黄静老师成功的教学经验、清晰的教学思路和先进的教学理念。

二、课型特点突出

这一特点在教案中体现得十分突出。阅读课最显著的特点是学生在老师的指导下通过读（主要是默读，下同）来完成教学任务，同时还要体现老师对学生各种阅读技能的训练，有效提高学生的阅读水平。

首先黄老师在阅读时间上有明确的规定，整篇阅读用时多少，每段阅读用时多少，都有具体的要求。整体看来学生阅读用的时间所占比例比较合理。另外黄老师对学生的阅读要求明确，阅读前展示有关问题，阅读后认真检查、分析、讲解，学生的阅读质量很高。黄老师还通过补充大量的练习，有效检查并加深了学生对课文的理解，与课文后的练习形成互补，加大了阅读量。从教案中可以看出，为了让学生在课上有更多的时间阅读，黄老师对学生的预习质量要求比较高，课上处理生词的时间比较合理。通篇教案都围绕着学生的读展开，就是外行人来听课，也能听出是阅读课。

三、教学重点突出

本课的教学重点：(1) 把握课文主要意思，弄清中式宴会改革的原因、难点和措施；(2) 理解重点词语和重点句子；(3) 阅读技能训练：①把握课文的结构特点（整体理解能力）；②找出段落的中心句（抓重点的能力）；③找出长句的主、谓、宾（分析能力）。

教案中紧紧围绕这些重点设计各种教学活动，教学原则把握准确，教学手段有效，主次分明，衔接自然紧凑。例如，在预热阶段采取了让学生做报告的形式，内容和课文有关，很好地起到了铺垫和衔接的作用；阅读开始，以整体认知的方法阅读全篇课文，是了解课文结构、把握课文主题的最好方法；每读一段后都有重点词、重点句的讲解、分析，并配有针对性练习。学生积极参与，进一步加深了对重点词、重点句和重点段的理解，提高了抓重点的能力和分析能力；根据课文内容填空、PPT 出示课文结构图是帮助学生进一步理解课文结构和课文深层内容的有效的教学手段。

四、教学方法得当

黄老师的教学方法针对性很强。根据班内学生的实际情况，在以学生为中心的原则下，以启发式教学法为主。启发式教学是教学法的重要指导思想，对开发学生智力、培养学生的学习能力、养成学生好的学习习惯有长远的益处。黄老师在处理整个课文时，以“讲练生词—串讲课文—完成课后练习”的顺序进行，由词到句、由句到段、由段到篇章，再到课后练习，循序渐进，环环相扣，一步一个脚印。例如，每段都配有精致的课件，阅读前老师给学生一些问题，让学生带着问题阅读；读后有回答问题的关键提示词，加上重点词语的讲练和长句、重点句的分析。这些练习方式都启发学生积极参与，效果显著。

多媒体的使用合理，大大提高了课堂效率。可在有限的时间内把更多的习题以不同的形式呈现给学生，既是重要的检测手段，也是阅读语料的补充，使学生的阅读能力得到更快地提高。

五、一点建议

从阅读课的特点和要求来看，黄老师的课还有提高的空间，学生阅读材料的量还可以加大，学生的阅读速度也可以进一步提高。

教案 4

春节拜年形式悄然“变脸”

任课教师：金娅曦

一 课型

中级新闻阅读

二 使用教材

《时代》(上册) 第 15 课

（吴卸耀编著，北京语言大学出版社，2006 年第 1 版）

三 教学对象

已掌握汉语的基本语法结构，领会式词语量在 2000 ～ 4000 词之间、复用式词语量在 1000 ～ 2000 词之间的汉语进修生。共 23 人，来自亚洲、欧洲、美洲的 12 个国家，其中 10 人为汉字圈国家学生。

四 教学内容

1. 生词：新闻常用词语、特殊语体色彩的词语
2. 句式：长定语句和并列词语句
3. 课文:《春节拜年形式悄然“变脸”》
4. 补充新闻:《中国人热衷春节出境旅游》
5.《北京青年报》新闻两篇（学生当堂自选）

五 教学目标

1. 词汇

以课文中的句子为最佳语境，领会生词表中的词语；对于其中的报刊新闻常用词，按复用式词语的要求掌握；注意不同语体表达间的转换。

2. 句式

熟悉报刊句式“书面语体多，句子附加成分多，句子长”的特点，能够提炼出句子的主干或中心成分，以化解难句和复杂句式，特别注意报刊新闻常见的长定语句和并列词语句。

3. 段落及篇章

从新闻的引题、主标题入手，把握文章的内容和结构；在新闻主体阅读中抓住提示性词语并准确归纳段意。

4. 阅读技能

（1）层次分明

对于课文，要求充分理解文章词句并能完成各类所给练习，先通读全文，速度约 120 字 / 分，再按内容分段细阅读，速度约 80 字 / 分；对于补充新闻，要求阅读理解后能简单概括新闻内容，在不查字典的前提下，阅读速度约 130 字/分；对于报刊新闻，分浏览标题和快速阅读两种，要求掌握文章大意，阅读速度约 120 字 / 分。

（2）跨越词义障碍

利用课文上下语境，猜词悟义，对于非核心词汇要有效地跳跃。

5. 学习策略

引导和培养学生的团队意识，通过小组活动合作学习，提升学习效率。

六 教学重点和难点

1. 词汇

（1）书面语体：登门拜访、谒

（2）口语体：主儿、感情近乎、忙不迭

（3）蕴含传统文化背景：拱手作揖

（4）报刊新闻常用词：本报讯、届时

2. 并列词语句：

➢ 印刷精美、贺词火辣到位的贺卡，既能传情达意，又能给朋友送去份幸运，再加上价格便宜，中奖率高……

➢ 耳熟能详的拜年话“过年好”亘古不变，可拜年的方式却不断在花样翻新：登门谒长辈、团拜慰同僚、贺卡送恋人、上网访朋友、电话嘘寒暖、短信传问候、图文传真表心意、可视电话报平安……

3. 结构

（1）标题结构：引题 + 主标题

（2）篇章结构：段首时间词“以往→1991年起→上世纪90年代中期以后→90年代末→新世纪”提示新闻主体结构按时间顺序编排。

七 教学方法

1. 多媒体和板书相结合：充分利用多媒体直观清楚、板书应变性强的特点。
2. 目标导向式阅读：采用读前讨论或读前给出问题或读前提示性思考的方式，通过提升阅读的目标性来提高阅读效率。
3. 读后说：阅读后先答疑，以学生的难点为教学的重点，鼓励学生之间相互答疑解惑，充分调动学生的能动性。
4. 小组活动：实时报刊新闻的阅读部分对学生来说最具挑战性，在这个环节设计小组讨论、合作学习，以减轻学生阅读的焦虑感。
5. 精讲多练：尽量通过涵盖报刊语言重点和难点的练习检查学生是否理解所读内容。
6. 多层次操练阅读技能：选取不同的语料操练细读、通读和略读等多种阅读技能。

八 教具

实物类	媒体类
白板笔、教鞭、投影仪	PPT

九 教学时间

全课共四课时，分两部分，各约100分钟完成，本教案展示第一讲部分：

第一讲（100分钟）		第二讲（100分钟）	
50分钟	50分钟	50分钟	50分钟
生词：难词理解	补充新闻：中国人热衷春节出境旅游	复练同类新闻常用句式	报刊新闻讨论：上次课布置在家提前阅读的新闻一篇
主课文：春节拜年形式悄然“变脸”	报刊新闻:《北京青年报》学生自选新闻两篇	课后练习	报刊新闻：当日热点新闻两篇

十 教学步骤

	教学设计	说明
第一课时	1. 切入新课（1分钟） 提示：“今天我们学习第十五课，是一篇关于春节的新闻报道。”	引导学生快速在头脑中形成相关语义场。
	2. 读前讨论（5分钟） 提问：“中国最大的传统节日是什么？” （预设回答：“春节。”） 提问：“中国人用什么方式向亲戚朋友拜年？” （预设有学生提到“送礼物”。） 提问：“去哪儿送礼物呢？” （预设回答：“去家里。”） 说明：“去家里看望亲戚朋友的书面语就叫‘登门拜访’。” 说明：“以前亲戚朋友见面或者春节去亲戚朋友家拜访时我们会做这样的动作……这叫‘拱手’……这叫‘作揖’。”	在进行课文教学前，先就课文主题展开铺垫性讨论，掌握学生对相关内容的了解情况，再结合课文内容，做适当补充，引出难点生词，为进入课文做准备。 板书记录学生的回答。 引出难点生词。 边展示动作，边说过年时的祝福话，为课文中即将出现的拜年时说的话做铺垫。
	3. 标题教学（7分钟） 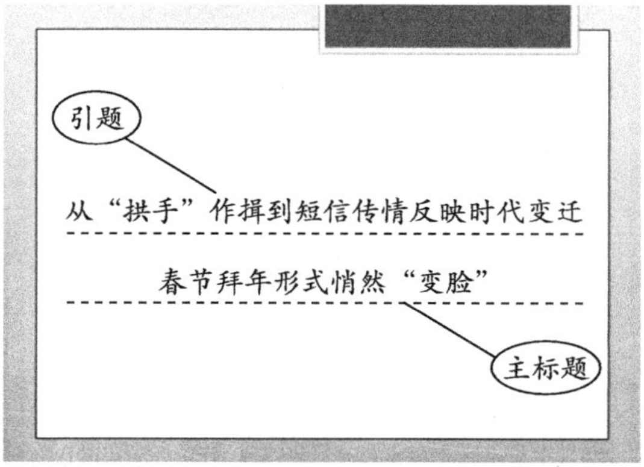 	旨在培养学生理解标题的能力，做到带着预判读新闻的主体。改变传统阅读方式下一次性“输入—输出”的模式，而要从标题开始，捕捉每个细小信息，以预测的形式，输出更大的信息量，形成多次“输入—输出”的模式。读前的预测能非常有效地减轻学生的焦虑感，提高输入信息的可理解度，因而非常有助于学生猜词悟义，跨越词义障碍。

第一课时	（1）主标题	
	① 齐读	如果有学生将引题误以为主标题而读错，就借机引导学生从位置和字体大小区分新闻的主标题和引题。
	② 答疑	答疑时，为了鼓励学生之间合作学习，促进学生的自主学习能力，真正使学生成为课堂学习的主人，可以先让学生相互答疑解惑，然后老师再做补充解释（下同）。点出关键词语“变脸”。
	③ 推测新闻内容 提问：“通过主标题，我们可以知道这篇新闻的主要内容是什么？” （预设回答：“春节拜年形式的变化。”）	点出关键词“变脸”。
	提问：“这种变化是突然的，还是慢慢的？” （预设回答：“慢慢的。”）	检查学生是否理解“悄然”。
	（2）引题	
	① 齐读	指出引题，并补充提示副标题的位置。
	② 答疑	
	③ 推测新闻内容 提问：“引题告诉我们，以前中国人是用什么方式拜年的？” （预设回答：“拱手作揖。”） 提问：“现在用什么方式拜年？” （预设回答：“发短信。”）	通过引题进一步预测新闻信息，注意通过“从……到……”结构提取信息。
	④ 推测篇章结构 提问：“如果你们是记者，就以这个标题写一篇新闻报道，你们会怎么写？先写什么，再写什么？” （预设学生会按时间顺序介绍拜年方式的发展变化。）	引导学生将已知的几种拜年方式排序，旨在让他们在阅读新闻主体前就在头脑中构建出一篇新闻，在下面的阅读环节中从被动的输入状态，转为和作者平等交流的状态。
	小结：“看来大家觉得应该按时间顺序写，下面我们就来看看作者是怎么写的。”	引导进入新闻主体部分。

第一课时	4. 通读全文（6 分钟） （1）用 PPT 给出读后要回答的 3 个问题并读一遍 指令：“请大家通读全文，并回答下面三个问题。先请同学读一下问题。” ➢ 这篇新闻是什么报纸的记者写的？根据什么写的？ ➢ 按什么顺序写的？ ➢ 拜年形式为什么会变化？ “下面开始看，时间 4 分钟。” “还有 1 分钟。” “时间到。”	速度约 130 字 / 分 让学生带着问题阅读，做到有的放矢，以提高阅读效率。注意提醒学生阅读时间（下同）。
	（2）逐一回答问题 提问：“这篇新闻是什么报纸的记者写的？根据什么写的？” （预设回答：“《新民晚报》的记者根据新华社消息写的。”）	通过这些问题的答案，点出新闻消息头“×× 讯 ×× 消息”。
	提问：“按什么顺序写的？” （预设回答：“按时间顺序：以往→ 1991 年起→ 20 世纪 90 年代中期以后→ 90 年代末→新世纪”）	当学生发现他们的“输出”和“输入”吻合时，他们势必产生成就感，也会增加继续阅读的动力。段首时间词提示新闻主体按时间顺序编排。
	提问：“拜年形式为什么会变化？” （预设回答：“因为科技的进步和时代的变化。”）	注意结论部分的总结。
	5. 细读全文（31 分钟）	按“过去—发展—现状”划分拜年方式的变化阶段，也据此将细读分三步。速度约 80 字 / 分。
	（1）第 2 段 ① 默读 “那拜年方式具体是怎么变的呢？我们先来了解一下以往是怎么拜年的。请大家看第 2 段，时间 2 分钟。” ② 答疑	给出问题，同时也提示段落大意。

<table>
<tr>
<td rowspan="2">第一课时</td>
<td>③ 根据课文内容回答问题
提问:"以前都是全家一起去拜年吗?"
(预设回答:"不是,或全家,或三五同事,或只身一人去拜年。")
提问:"拜年的时候说什么话?"
(预设回答:"吉祥如意,恭喜发财。")
提问:"主人为什么特别忙?"
(预设回答:"拜年的来了,让座、沏茶、敬烟一样也不能少。一拨儿没走,一拨儿又来。")
提问:"这样的拜年方式有什么好处?"
(预设回答:"感情近乎了,平时的过节化解了。")
④ 填表
<table>
<tr><th>时间</th><th>拜年方式</th></tr>
<tr><td>以往</td><td>去家里拜访</td></tr>
<tr><td></td><td></td></tr>
<tr><td></td><td></td></tr>
<tr><td></td><td></td></tr>
<tr><td></td><td></td></tr>
</table>
提问:"第 2 段的主要内容是什么?"
(预设回答:"介绍传统的拜年方式。")
提问:"传统的拜年方式说的是什么时候的?"
(预设回答:"以前。")
提问:"那时的拜年方式是什么?"
(预设回答:"去家里拜访。")</td>
<td>操练并列句式"或……或……或……",以及报刊新闻常用词"届时"。
引导理解难词"无非"。

理解口语体"不得闲",复述并列句式"一拨儿……一拨儿……"。
注意区别"近乎、过节"在不同语境中的含义。
用表格展示新闻的篇章结构和主要信息,读一部分填一部分。注意及时归纳和引导。</td>
</tr>
<tr>
<td>(2)第 3 ~ 5 段
① 默读
指令:"后来拜年方式又经历了哪些变化?请大家看第 3、4、5 段,时间 4 分钟。"
② 答疑</td>
<td></td>
</tr>
</table>

<table>
<tr>
<td rowspan="3">第一课时</td>
<td>③ 填表
<table>
<tr><th>时间</th><th>拜年方式</th></tr>
<tr><td>以往</td><td>去家里拜访</td></tr>
<tr><td>1991 年起</td><td>贺卡拜年</td></tr>
<tr><td>90 年代中期以后</td><td>电话拜年</td></tr>
<tr><td>90 年代末</td><td>电子贺卡拜年</td></tr>
<tr><td></td><td></td></tr>
</table>
</td>
<td>表格内容即区分了段落大意，再让学生根据后面出现的时间段判断出“以往”具体指的是“1991 年 /90 年代以前”。</td>
</tr>
<tr>
<td>④ 根据课文内容判断正误
➢ 90 年代初，春节前大家开始忙着去邮局寄贺卡。（√）
➢ 因为贺卡价格便宜，所以人们选择寄贺卡。（ × ）
➢ 90 年代中期以后，大部分人习惯寄贺卡拜年。（ × ）
➢ 90 年代末，已经很流行电子贺卡拜年了。（ × ）</td>
<td>和课文原句做对比，检查学生是否理解同一词义的不同表达形式：“忙不迭”
并列句式“既……又……再加上……”
报刊新闻常用书面语“将……视为……”
“露头角”</td>
</tr>
<tr>
<td>（3）第 6 段
① 默读
提问：“现在大部分中国人还是用电子贺卡拜年吗？”
（预设回答：“不是，是发短信拜年。”）
指令：“短信拜年是怎么出现的？请大家看第 6 段，时间 1 分半钟。”
② 答疑</td>
<td></td>
</tr>
</table>

第一课时

③ 填表并口头复述

时间	拜年方式
以往	去家里拜访
1991 年起	贺卡拜年
90 年代中期以后	电话拜年
90 年代末	电子贺卡拜年
新世纪	短信拜年

指令：“我们一起来说拜年方式是怎么随着时间的变化而变化的。”

④ 选择画线词语的正确解释

- 到了新世纪，手机当道，短信息拜年一夜之间风行全国。（最流行　突然、短时间内）
- 短信息拜年快捷方便，尤其对一些不善言辞的人，手机无声的祝福更能准确生动地把自己的心意传递给友人。（不太会表达）

按表格内容，以齐读形式简单复述拜年方式随着时代变化而变化的过程。

（4）第 7、8 段

① 默读

提问：“拜年方式从以前到现在的整个变化过程我们已经看完了，可是还剩两段，那么这最后一部分应该说些什么呢？”

（预设回答：“总结。”）

② 答疑

③ 用所给句式归纳段落大意

指令：“我们一起来说说这两段的主要内容。”

第 7、8 段的主要内容：
拜年方式随着科技的不断进步和时代变化而变化。

提示最后一部分是对全文的总结。

	④ 连线 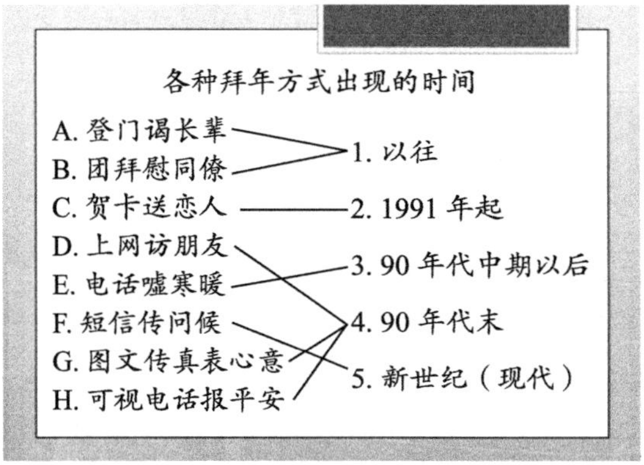	本段用一个很长的并列句复现了前面出现过的拜年方式，但是因为都采用书面语体而较难理解。利用连线形式可以检测学生是否看懂了这些书面语体的表达方式，并且还可以检验学生是否知道这些拜年方式所需的科技。因此，可得出结论："是科学技术和时代的变化决定了拜年方式的变化。"
	⑤ 思考将来可能会出现的拜年方式 提问："大家想到了这么多新奇的方法，人们的拜年方式可以说是怎么样的？" （预设回答："无所不用其极。"）	借由学生丰富的想象力解释难词"无所不用其极"的意义。
课间休息（10 分钟）		
第二课时	1. 补充新闻《中国人热衷春节出境旅游》（15 分钟）	
	（1）导入 指令："上节课我们看了一篇关于春节拜年方式变化的新闻，那么除了拜年方式发生变化，春节别的方面是不是也会发生变化呢？……请大家再来看一篇新闻报道。"	
	（2）解标题 ① 答疑 ② 推测新闻主要内容 提问："这篇新闻是关于什么的？" （预设回答："过春节的方式。"）	点出难词"热衷"，如果有学生知道，请他用学过的词语给大家解释；如果没有，则提示大家可根据新闻主体内容猜测。
	（3）布置读后任务 指令："请大家阅读全文，看完后请你们告诉我从这篇新闻了解到了哪些信息。"	
	（4）默读 指令："现在开始读，时间 5 分钟。"	速度约 130 字 / 分。

<table>
<tr><td rowspan="10">第二课时</td><td>（5）口述
指令：“下面请每个同学用一句话来告诉我你看到的信息，不能重复。”</td><td>该篇新闻按泛读要求，只要求理解内容，而不具体到句式和词语的用法和意义。鉴于主课文的练习中没有口头输出的形式，本部分采用口头表达形式来检验学生的阅读理解成效。</td></tr>
<tr><td>（6）归纳主要内容
提问：“这篇新闻的主要内容是什么？”
（预设回答：“现在越来越多的中国人过春节的时候会选择去国外旅行。”）</td><td></td></tr>
<tr><td>（7）篇章结构
提问：“上一篇新闻是按时间顺序写的，这一篇呢？还是按时间顺序吗？”
（预设回答：“不是。”）

提问：“按什么方式？”
（预设回答：“不同国家的媒体。”）

提问：“提到了哪些国家？
（预设回答：“中国、德国和韩国。”）</td><td>和上一篇新闻的篇章结构作对比，提示学生此类新闻的常用结构。</td></tr>
<tr><td>（8）答疑</td><td></td></tr>
<tr><td colspan="2">2.《北京青年报》新闻两篇（学生当堂自选）（33 分钟）</td></tr>
<tr><td>（1）浏览新闻标题
指令：“给大家 6 分钟的时间，快速浏览报纸的新闻标题，找出你感兴趣的新闻推荐给大家。有不懂的词，大家可以讨论，可以查字典，也可以问老师。”</td><td>开放式阅读既充分考虑到学生的需求，也尽量还原报刊阅读的真实性。小组活动的形式减轻了学生的焦虑感，并让他们体会到合作学习的优势。老师巡视，给予学生必要的帮助。</td></tr>
<tr><td>（2）推荐新闻
指令：“请 ×× 同学推荐一条，告诉我们新闻在哪儿？是关于什么的？”</td><td></td></tr>
<tr><td>（3）选定新闻
指令：“由于时间有限，我们今天就从大家的推荐中选择《嫦娥火箭残骸砸破湖南两民房》和《密云县开始摸底“单独”家庭信息》两篇。”</td><td>第一篇篇幅较长，仅做标题教学；第二篇做快速阅读理解。</td></tr>
<tr><td colspan="2">（4）《嫦娥火箭残骸砸破湖南两民房》的主标题及几个小标题</td></tr>
<tr><td>① 带着学生齐读标题</td><td>阅读量很小，可以做到边读边理解。</td></tr>
</table>

第二课时	② 答疑	借助照片，通过老师启发式提问，让学生推测疑难词义。
	（5）《密云县开始摸底“单独”家庭信息》	
	① 给出阅前问题 ➢ “单独”家庭指什么？ ➢ 这次调查的对象是什么样的人？ ➢ 北京市的“单独”家庭现在已经可以生第二个孩子了吗？	
	② 默读（4 分钟） 指令：“请大家看这篇新闻，时间 4 分钟。”	
	③ 讨论问题答案 提问：“‘单独’家庭指什么？” （预设回答：“夫妻双方有一方是独生子女的家庭。”） 提问：“这次调查的对象是什么样的人？” （预设回答：“本社区户籍已婚单方为独生子女夫妇（不包括双方独生子女夫妇）、外省市户籍（包括男、女）婚嫁到本社区的独生子女。”） 提问：“北京市的‘单独’家庭现在已经可以生第二个孩子了吗？” （预设回答：“还不可以。”） 3. 小结（1 分钟） 提问：“今天一共看了几篇新闻？” （预设回答：“四篇。”） 提问：“分别是关于什么的？” （预设回答：“春节拜年形式的变化，过春节方式的变化，‘嫦娥’火箭残骸砸中民宅，调查‘单独’家庭信息。”）	口述看过的四篇新闻的主题。
	4. 布置作业（1 分钟） 指令：“请大家回去后把《嫦娥火箭残骸砸破湖南两民房》看完，下次课讨论。把第 206 页到第 209 页的课后练习 2 ～ 5 题做在书上，下次课检查。下课。”	弥补课堂时间有限的不足，让学生有充分的时间了解感兴趣的新闻。同时，也及时巩固主课文所讲授的报刊语言知识。

十一 板书设计

第 15 课 春节拜年形式悄然"变脸"

中国人用什么方式向亲戚朋友拜年？

打电话

发短信

送礼物

上网

寄贺卡

十二 教学后记

本次课学生都非常积极地配合，阅读量大，类型丰富，学生都反映收获颇丰。在主课文教学部分，设计和准备充分，不但充分理解了新闻内容，也操练了其中出现的报刊常用词语和句式，突出了课程特点。补充新闻和主课文同属春节话题，进一步丰富了学生的相关语义场，并且以口头形式输出，是主课文教学部分较少涉及的。报刊新闻部分属于时事新闻，内容由学生自选，以小组活动形式展开，形式上是对前两个部分的良好补充，也充分考虑到学生的需求，但是教师的可控性较弱。对于学生当堂选出的两篇新闻，教学顺序安排上有不当之处，第一篇新闻《嫦娥火箭残骸砸破湖南两民房》篇幅较长，采用标题教学，用时过长，使教学节奏显得不够紧凑；而第二篇新闻《密云县开始摸底"单独"家庭信息》显得时间不够，部分学生未看懂。

附录

一 主课文

从"拱手"作揖到短信传情反映时代变迁

春节拜年形式悄然"变脸"

本报讯 新华社消息：到春节，中国人最忙的事儿就是拜年。

以往，除夕前人们就早已在心里合计好要去拜访的主儿，届时或全家，或三五同事，或只身一人去拜年。年年如此，轻车熟路，台词无非“吉祥如意、恭喜发财”一类。于是，城里公共汽车、地铁人满为患。被拜得特不得闲，拜年的来了，让座、沏茶、敬烟一样也不能少。一拨儿没走，一拨儿又来，一天的时间就这样重复、机械地过去了，感情近乎了，平时的过节化解了，耽误点别的事情也值。

1991年起，邮电部开始发行“中国邮政贺卡（有奖）明信片”。印刷精美、贺词火辣到位的贺卡既能传情达意，又能给朋友送去份幸运，再加上价格便宜，中奖率高，于是大伙儿开始忙不迭地跑邮局，寻地址，几十张贺卡寄出后，心里顿时了却一档大事。

20世纪90年代中期以后，随着电话的迅速普及，大多数家庭开始将“打个电话拜个年”视为一种不错的拜年方式。岁末年关，通过电话还可以让声讯台为亲友点歌，或在电话信箱中留言问候。千家万户喜迎春，句句问候送亲人，电话拜年让人们更高效率地为更多亲友及时送去春意。

90年代末，网络盛行及人们环保意识的增强，电子贺卡开始露头角。网上用户可通过搜索引擎找到无数各具特色的贺卡网站，不少站点都特意增添了贺年卡专页。网上的贺卡品种异常丰富，动画、贺词与音乐可自行随意编配，图文并茂，看起来新颖有趣，而且大多数贺卡站点均属免费服务，一时间颇受欢迎。

到了新世纪，手机当道，短信息拜年一夜之间风行全国。坐在家中，你的手机不时闪电传情。精彩的拜年段子排着队地通过手机涌入人们的眼帘，使祝福变得简单得多，也花哨得多。短信拜年快捷方便，尤其对一些不善言辞的人，手机无声的祝福更能准确生动地把自己的心意传递给友人。

拜年时表达新春祝福最直接的形式，耳熟能详的拜年话“过年好”亘古不变，可拜年的方式却不断在花样翻新：登门谒长辈、团拜慰同僚、贺卡送恋人、上网访朋友、电话嘘寒暖、短信传问候、图文传真表心意、可视电话报平安……拜年的方式随着科技的不断进步而无所不用其极。

只要中国人还过年，拜年就将继续下去，不管用什么形式，它将随着时代的变化而变化。

（《新民晚报》2005年2月9日，记者　万一）

二 补充新闻

中国人热衷春节出境旅游

字数：677 时间：5分钟

时间：2012-01-26 15:13 来源：参考消息网 http://www.cankaoxiaoxi.com

传统上，中国人在春节期间应该与家人团聚，然而时代变迁，人们的观念也在不断更新，过春节早已不局限于一家人守在家中吃团圆饭、逛庙会那么简单。如今的春节，由于有了更多的选择，而显得更加精彩。若问春节怎么过，现在越来越多的人会选择去国外旅行。

中国有关媒体报道称，中国春节成为了全世界人民的“黄金周”。多家大型旅行社的统计表明，2012年春节期间出境游人数增加了20%～30%。人们最喜欢去的国家都在亚洲，日本居首位，随后是泰国及马尔代夫。前往欧洲的游客也在不断增加。

德国之声电台网站报道称，中国的中产及高产阶层现在越来越喜欢在热带海边或德国古堡中度过春节假期。据一名导游介绍，中国游客看景点是一个方面，但同样重要的是购物，“目前国内消费者去欧洲旅游都会顺便买一些当地比国内明显便宜的名牌货，如法国包、瑞士手表、意大利服饰等”。

韩国《朝鲜日报》报道则指出，在韩国，农历新年被称作“旧正”，相当于中国的春节。首尔中区南大门市场经营箱包的李某从前年开始在“旧正”长假期间正常营业，因为很多中国游客利用长假来韩国旅游。李某说：“这附近春节没有休店的，中国游客非常多。他们会一次买10个箱包，所以市场商人把‘旧正’长假改称为‘春节热销旺季’。”东大门某商场相关人士说：“中国游客人多，花钱大方，最受商家欢迎。”

据韩国旅游发展局介绍，这次春节长假期间，中国游客将达到约4.5万人，比去年高出三成多。以前，首尔市酒店和宾馆一到“旧正”长假就冷冷清清，而近来却是中国游客盈门。明洞某饭店让两名会中文的服务员在长假期间全部上班，其中一人金某说，春节时中国客人蜂拥而至，简直忙晕了。

三 报刊新闻

（1）2013年12月4日　星期三　北京青年报第A14版

嫦娥火箭残骸砸破湖南两民房

受损村民分别获得一万和五千元赔偿

疏散：凌晨1时，16万余人完成疏散

坠落："声音不知道比雷声响多少"

受损者分别获赔10800元和5200元

很多发射没投第三者责任险

（2）2013年12月4日　星期三　北京青年报A8版

密云县开始摸底"单独"家庭信息

本报讯（记者李天际、王薇）北京青年报记者昨日从密云县计生委获悉，目前密云在全县范围内对居民进行前期摸底，排查县内"单独"家庭数字，县计生委有关部门将对数字进行统计，便于北京市"单独二胎"政策细则出台后开展工作。

昨天，密云县东菜园社区居委会贴出通知，要求本社区户籍已婚单方为独生子女夫妇（不包括双方独生子女夫妇）、外省市户籍（包括男、女）婚嫁到本社区的独生子女，于12月10日前携带户口本、结婚证、独生子女证到居委会进行登记。据悉，该通知是密云县鼓楼街道办事处计生办要求居委会张贴的。鼓楼街道办事处计生办的工作人员表示，在社区贴出通知让已婚"单独"夫妻去居委会登记是按照密云县计生委的要求进行的，统计的数据会上报给密云县计生委。

昨天，北青报记者从市人口计生委了解到，密云县启动的"单独"家庭调查并非市人口计生委启动的全市行为，而是区县自主进行的摸底调查。关于本市何时正式出台"单独"可生第二个孩子的政策，相关负责人表示，要等国家卫计委相关指导意见出台后，市人口计生委将按照指导意见制定具体政策，由市人大修改条例后，才能发布实施。

教师简介

金娅曦，女，1980年出生，硕士，2006年参加工作，北京语言大学汉语进修学院讲师，主要研究方向为国别化汉语教学及跨语言比较。2013年12月开设《中国报刊语言基础（上）》公开课，参与校级教学改革项目，发表论文多篇。

教案点评

张　辉

（北京语言大学汉语进修学院，副教授）

在汉语进修教育课程体系中，“中级新闻阅读”是在中级汉语教学阶段为学生开设的一门融阅读技能提升与语言知识学习为一体的选修课程。该课程因其培养目标的专向性而具有独特的课型特点。多年来，有关报刊课程教学模式的探讨和研究不乏其数，但何种教学模式是有效的且能突出报刊课功能性特点的呢？这一问题至今在汉语教学界仍未找到有共识的答案。

在此次读写教学观摩研讨活动中，作为青年教师，金娅曦老师给我们展示了一堂别开生面、继承与创新并举的报刊语言基础课。在100分钟的时间里，不仅金老师的学生们收获颇丰，我们在场听课的老师们也受到了很大启发。

听课之后，认真研读金老师的教案设计，细细回味观摩现场的教学点滴，觉得金老师的课具有以下特点：

一、以“后教学法”核心理念引领整堂课的教学设计

任何一个教学设计堪称“优效”，其前提是必须要有特定的教学理念作为支撑。纵观金老师的整堂课，无论是由语义关联式提问导入主课文学习，还是自主选择性、开放式补充阅读，都体现了注重培养学生学习的自主性、促进协商式互动交流、努力创造课堂学习机会最大化的“后教学法”核心理念。尤其是在“今日读报时间”这个教学环节，金老师巧妙地将课堂教学瞬间转化成一个真实的日常交际环境，让学生用完全自然的阅读方式浏览手中的报纸，搜索自己感兴趣的信息，并通过生生协商、师生协商的方式确定下一步共同阅读的内容。有经验的老师们都知道，这一具有创造性的教学设计对任课老师来说是极具挑战性的。金老师能游刃有余地将这一环节顺利地完成，可见她的教学功底及对课堂的把控能力。

二、开展主题式教学活动，强调基于内容的语言学习

后教学法理论认为，语言学习具有社会依赖性，也就是说，语言学习只有跟社会、政治、经济、文化等大背景结合才能提高学习效益。在金老师的观摩课上，其主要教学内容都是围绕"春节"这一主题而展开，主课文是《春节拜年形式悄然"变脸"》，补充课文是《中国人热衷春节出境旅游》。在主课文学习时，学生们在一个个精心设计的启发性问题的引领下，通过分段阅读，跨越理解障碍，以内容获得为目标驱动，最后终于对中国春节的拜年形式由传统到现代的变迁过程有了一个清晰的了解和认识。在内容获得的同时，语言学习在不知不觉地进行。

《中国人热衷春节出境旅游》这篇新闻是金老师在教材之外自主选择的补充课文，从题目就可看出其内容还是紧紧围绕"春节"这一主题，可见金老师对主题式教学的强调。虽为同一主题，但内容不同，新闻报道的视角不同，撰写方式不同，文章结构不同，这些都为学生们进一步阅读提供了兴趣点和信息源。在处理该篇课文时，金老师让学生们先自行阅读，然后将他们从文中了解到的信息分享给大家，这样的活动设计突出了基于内容的语言学习的特色。

三、阅读技能训练与语言知识学习相结合，突出课型特点

基于内容的"中级新闻阅读"的教学，其任务兼具语言知识的学习与阅读技能的培养和训练。在金老师的整堂课中，既有细读、通读和略读等多种阅读方式的训练，也有跨越障碍、猜测词义、提前预测等阅读微技能的培养；既有标题教学，又有文章结构及重点词语和结构、句式等的语言教学。教学容量大，学习内容丰富，读、说结合，教学效率高，课型特点突出。

总之，金娅曦老师的观摩课尽管在教学时间分配及细节处理上尚有不足，但瑕不掩瑜，我们在欣赏一次成功的课堂教学的同时，还从中获得了启发，加深了对教学理念与教学设计之间关系的认识。

教案 5

会展经济篇·第 113 届春季广交会

任课教师：沈庶英

一 课型

高级商务汉语阅读

二 使用教材

《尔雅中文：高级商务汉语阅读教程》第 1 单元会展经济篇[1]
（沈庶英编著，北京语言大学出版社，2012 年第 1 版）

三 课程特点

本课程为公共选修课，作为三年级商务汉语阅读课，处于承上启下阶段：上承二年级中级商务汉语阅读课程，下启四年级经济导读课程。三个阶段的课程定位分别是：二年级以商务基本词汇和商务基本常识为主，属于商务汉语入门阶段；三年级以商务环境的语言运用和商务文化为主，特别强调中国社会经济环境导入，侧重商务文化解读；四年级以专业知识理解和应用为主，强调知识的专业性和应用性。

本课程致力于建设汉语、商务、文化三位一体的教学内容体系。三年级一学年的教学任务通过16个单元呈现中国大商务环境下经济生活的方方面面；每个单元通过4个课文展示特定商务环境中的商务生活，体现专门用途语言的特点；每次课上通过案例分析学习商务环境下的语言应用，了解商务知识，感悟商务文化；通过开放式教学，完成一定的探究、实践任务，实现教学的理论与实践相结合。

四 教学对象

三年级上学期来华留学本科生，共24人，来自7个国家，其中韩国16人，俄罗斯2人，墨西哥1人，日本2人，泰国1人，土耳其1人，以色列1人。学生专业方向包括汉语言专业经贸方向14人，双语和翻译9人，汉语国际教育1人。有10人在二年级选修过商务汉语阅读课程。

五 教学目标

1. 通过阅读，理解课文内容，掌握商务会展常用词语、商务环境常用句型及语体特点，学会通过表格解读商务信息。

2. 通过限时阅读，培养学生速读能力和快速抓住主题的能力；通过猜词训练，提高跨越阅读障碍的能力。

3. 通过合作学习培养学生团队意识和协调能力。

4. 通过实践过程培养学生国际贸易实际工作能力和自主创新意识。

六 教学内容

本次教学内容为会展经济篇的补充课文，共3个小课文，课文一是短文，介绍刚刚结束的第113届春季广交会的基本情况；课文二是表格，介绍即将召开的下届广交会的展览程序；课文三是短文，介绍广交会的作用。

语言点包括理解性词语19个，句型2个；会展经济相关的商务知识和能力。

七 教学重点

1. 词语：成交金额、参展企业、订单、闭幕、参展商、采购商、累计、
成交金额、同比、环比、展区、展位、招商、拓展、挖掘、
布展、撤展、封馆、客服

2. 句型：a. 应在……前……，此后不得……；
b. 参照……，若有……，以……为准。

3. 语体：书面正式语体。

4. 商务实践：会展筹备、策划。

八 教学难点

把理论知识向实践能力延伸。

九 教学方法

1. 案例教学法。通过真实商务案例，全面解读广交会的参展、筹展、布展、撤展全部过程，学习会展经济知识，掌握会展筹备和策划能力。

2. 实践教学法。尽量运用可操作的内容提供学生实际操作的机会，由学生完成展会中一些实际操作内容。

3. 探究式教学法。引导学生针对展会中一些现象进行深入分析，理解其中的深层内涵，了解中国商务文化特征。比如，对三期会展时间安排、展品安排、各期间隔时间等现象进行分析，追究其根源，探寻商业策略。

4. 交互式学习法。小组讨论合作完成学习任务，通过合作交流，培养学生团队意识和协调能力。

十 教具

多媒体课件（PPT）

十一 教学时间

本单元共 6 课时，分三次完成，每次两课时（100 分钟）。第一次课，阅读第 1、第 3 两课，学习介绍会展及其历史的语言表达形式，掌握相关词语和句型；第二次课，阅读第 2、第 4 课，了解会展经济的特点、申请参展、会展筹备

等信息，学习会展相关词语和句型；第三次课（即本次课），阅读补充课文一、二、三，了解最近一次广交会的展出情况和下届广交会的安排，学习会展经济相关的词语和表达形式。

十二 教学步骤与课时分配

第一节（50分钟）

一、课前热身（2分钟）

点名，调整课堂秩序。

目的：向学生传达上课讯息，集中学生注意力。

二、检查开放作业（6分钟）

目的：激发学生对上一课所学内容的回忆，为新课的讲解做铺垫；检查实践教学的效果，进行课堂交互学习。

作业内容：你现在是广交会的工作人员，请为申请参展的客商设计一份申请表，内容至少包括申请展位类型、申请参展时间、参展商品种类等，同时设计出阅读练习题。

各组互换研讨成果并阅读，进行互评，最后教师点评。

三、细读课文（42分钟）

课文一：第113届春季广交会顺利闭幕

教学重点：学习会展常用词语及句式；了解新闻报道的文体；练习速读；通过交互式讨论，加强合作学习、自主学习意识，培养合作交流沟通能力。

1. 引入课文（1分钟）

教师板书标题，边板书边提问：

课文的标题是什么？

“闭幕”是什么意思？

“顺利”说明什么？

从课文的题目可以猜到课文的主要意思是什么？

目的：标题是文章的灵魂，从标题可以了解课文的主要意思。通过标题进入课文，使学生对文章主题有所了解。

2. 浏览课文，标出课文自然段，回答问题（共 7 分钟，4 分钟浏览课文，3 分钟回答问题）

问题：

（1）本文是通过哪些方面的数据来介绍广交会的？

（2）本届广交会有什么新举措？

目的：这是阅读的第一层面。浏览课文可以全面把握课文大意，对课文内容有一个整体概念，对于进一步理解课文是不可缺少的准备。标注自然段为进一步细读课文做好了铺垫。

学生回答（1）题，教师板书下面的词语，并理解相互关系：

采购商　参展商　展位　成交金额　参展企业

学生回答（2）题，教师展示 PPT：

本届广交会的新变化：

（1）对市场招商情况做了细化。

（2）举办“设计促进贸易”系列活动。

（3）“广交会出口产品设计奖”评选活动。

（4）举行了“低碳环保特装”评比。

3. 重点段落阅读（10 分钟）

目的：这是阅读的第二个层面。通过细读重点段落，学习本课的语言点之一——“同比、环比”这种经济数据的表述形式；通过联想猜词。

仔细阅读课文第 2 段，完成下面的练习：

完成（1）、（2）两题填空，了解广交会的重要信息。

二、仔细阅读课文第 2 段，完成下面选择填空练习

（1）这段介绍的是广交会的__B__情况。

A. 进口　　B. 出口　　C. 进出口

（2）这段一共提到了__C__届广交会。

A. 1　　B. 2　　C. 3

板书：

113届　112届　111届

2013年春　2012年秋　2012年春

完成（3）、（4）两题，学习“同比、环比”，根据上面板书，用箭头标注讲解；引出词语“累计”，练习根据前后文联想猜词。

二、仔细阅读课文第2段，完成下面选择填空练习

（3）与上届广交会相比，本届广交会累计出口成交金额__A__。

A. 增加了　　B. 减少了　　C. 没变化

（4）与去年春季广交会相比，本届广交会累计出口成交金额__B__。

A. 增加了　　B. 减少了　　C. 没变化

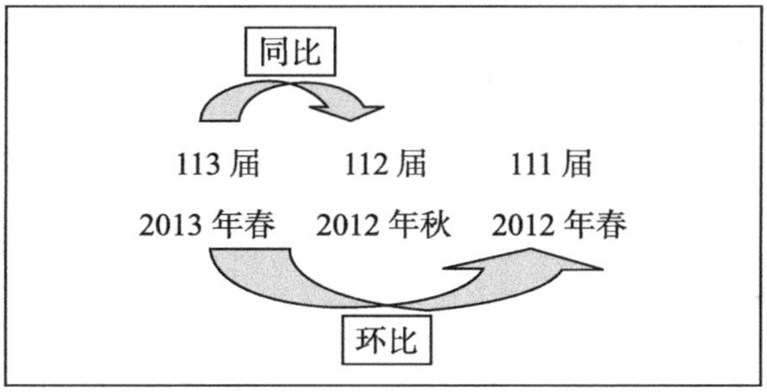

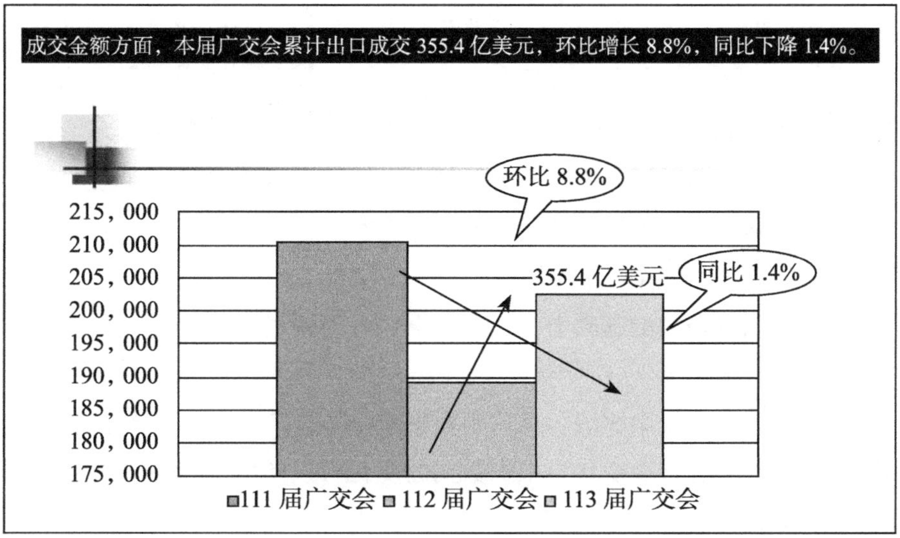

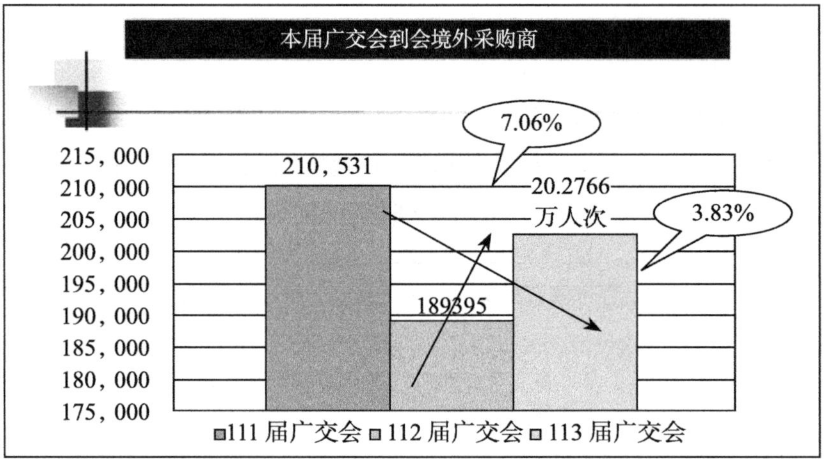

4. 细读课文全文（10 分钟）

目的：这是阅读的第三个层面。通过阅读，进一步全面深入了解课文的意思，掌握商务语言要点；进一步了解课文深层次的语义内涵；进一步挖掘深层的文化内涵。对于全面深入理解文章的语义、语境、文化因素均有重要意义。

仔细阅读课文全文，判断正误

（1）与“本届”相邻的两届是“上届、下届”。

（2）“数据显示、根据官方统计、分析认为、据悉”等词语都是可以用于表示数据来源的词语。

（3）第 4 段内容的主要意思是本届广交会应该注重成熟市场招商。

（4）113 届广交会举办“设计促进贸易”系列活动的目的是继续发挥广交会窗口和平台作用，进一步促进中国经济和世界经济融合。

仔细阅读课文全文，判断正误

（5）“为提升参展企业设计研发水平，推动外贸转型升级，广交会计划自 2013 年起每年举办一次‘广交会出口产品设计奖’（CF 奖）评选活动。”这句话的主要意思是“广交会计划举办评选活动”。

（6）“低碳环保特装”评比的内容是参展企业和施工单位。

板书表示目的的词语：为了、为的是、目的是、目的在于、旨在

讨论：这两个奖项有什么意义？说明什么？

5. 合作阅读并实践（8 分钟）

目的：在阅读理解的基础上，运用所学经济理论讨论分析经济现象，学以致用，实现实践教学。

小组合作阅读课文第 3 段，从这组数据看，本届广交会出口参展企业和进口参展企业数量上各有什么变化？根据数据的变化可以看出中国进出口贸易有什么变化？分析原因。

6. 小结课文（6分钟）

目的：总结新闻语言特点、会展语言特点以及文章结构；对一节课的内容进行梳理，给学生一个总的抓手。

课文纲目

核心信息（导语）	广交会闭幕了
数据（情况介绍）	环比、同比、人数、展位……
特色（创新）	1. 市场细化 2.“设计促进贸易”系列活动 3. 两个奖项
结语	谈意义

课间休息（10分钟）

第二节课（50分钟）

四、快速阅读训练（39分钟）

1. 快速阅读课文二——领会表格意思（20分钟）

目的：学会准确、快速阅读表格，抓住主要信息；理解词语和商务汉语句型；加强合作学习意识，培养沟通能力。

（1）略读课文二，回答问题（4分钟）

a. 这个表格介绍的是什么事情？

b. 表格Ⅰ、Ⅱ、Ⅲ各部分分别代表广交会的什么阶段？参与者分别是谁？

（2）猜词练习（6分钟）

猜猜下面词语的意思，注意词语的特点：

布展　展品　封馆　撤展　客服

PPT 总结规律：

> 猜猜看
>
> - 布展：布置展览
> - 展品：展览的物品
> - 封馆：封闭展览馆
> - 撤展：撤下展品
> - 客服：客户服务
>
> - 猜词方法：
> - 1. 语素意义叠加。
> - 2. 上下文联想猜词

板书：

产品　　展品　　商品

（工厂）（展览会）（流通领域）

（3）语体练习（10 分钟）

目的：语体常常决定学生使用语言的质量，更影响表达效果。强化商务正式书面语体句式特点训练非常必要。

用 5 分钟读下面句子，为画线词语找出一个意思相近的词语进行替换。体会一下替换前后有什么不同。5 分钟后回答。

> a. 布展务必（一定）严格按照规定时间施工，否则（如果不是这样的话）将予以（对他）惩处。
>
> b. 展品进馆及摆放要服从工作人员安排，依序（按照顺序）进行。

> c.参展企业应（应该）在此（这个）时限前布展完毕，此后（这以后）不得（不可以）施工。
>
> d. 展会活动期间，参展商和采购商可以凭（依靠）证件自由出入（进出）。

> 语体
>
> 书面语正式表达句式：
>
> a. 应在……前……，
> 此后不得……；
>
> b. 参照……，若有……，以……
> 为准。

> e. 第 113 届广交会时间安排若（如果）有变动，以广交会官方公布为准（拿……作为标准）。
>
> 第三期撤展时间 5 月 5 日，需（需要）申请加班撤展的企业，可（可以）于（在）当天 9:30 ～ 17:00 分别在本（这个）区域客服中心现场服务点柜台办理加班手续。

2. 快速阅读课文三——抓主干（19分钟）

目的：通过训练使学生提高跳跃障碍、抓住中心、抓住主干、提取文章纲领的能力。

（1）在课文中空缺的位置上补上相应的词语。（4分钟）

填空：

- 扩大了获得更多订单的机会。
- 搭建了展示企业形象的平台。
- 打开了通向世界市场的窗口。

（2）阅读课文2～6段，找出每段的核心句，注意围绕核心句论证的方式。（5分钟）

2～6段核心句：

- 扩大了获得更多订单的机会。
- 提供了结识更多客户的机遇。
- 搭建了展示企业形象的平台。
- 拓宽了了解竞争对手的渠道。
- 打开了通向世界市场的窗口。

（3）师生一起整理课文的结构。（5分钟）

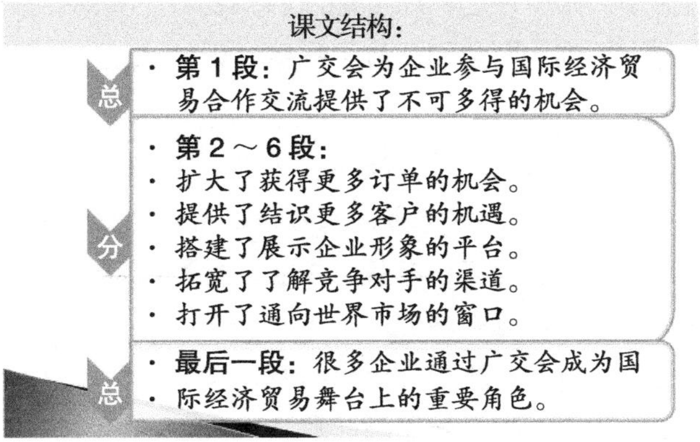

（4）由学生讨论，为课文设置一个标题（5分钟）

五、趣味阅读（6 分钟）

- 参展商们也有各自不同的揽客手段，许多参展商准备了糖果、饼干等食品，法国参展商更是兴奋地打开香槟酒，在自己的展位上举杯庆祝参展，也期望通过此举能与外国客商交个朋友。
- 法国参展商的香槟酒给谁喝？

- “广交会能吸引我，还有一个原因，就是我在这里找到了爱情。”巴基先生露出一脸幸福。他和他的太太就是在广交会上认识的，那是个信奉伊斯兰教的中国宁夏姑娘，他们今年刚完婚。“我们举行了两场婚礼，一场在广州，一场在她家乡。”
- 巴基先生在广交会收获了什么？

- 这些外商虽然语言不同，但都有一个共同的目的，那就是向以中国商家为主的采购商们推荐自己的产品。从材质、性能到价格，参展商向采购商一一介绍，处处氛围融洽，即使最终因各种原因没有立即达成购销协议，大家都友好地留下名片，以期望进一步磋商。
- “购销协议”的意思是什么？

六、本课总结（3 分钟）

目的：通过总结，师生一起回顾本课内容，复习、巩固、提高。

1. 通过本次课上阅读，同学们了解了哪些知识？

（1）词语方面

表示商务数据变化常用的词语：环比、同比；

会展常用的词语：闭幕、参展商、采购商、累计、成交金额、同比、环比、展区、展位、招商、拓展、挖掘、布展、撤展、封馆。

（2）通过课文二学习阅读表格。

（3）通过课文三学习快速找到文章中心句。

2. 通过本次阅读，同学们了解了哪些信息？

（1）广交会由每届两期变成每届三期。

（2）本届广交会增加的内容：细化招商、产品设计奖、环保奖项。

（3）了解了参加广交会的益处。

3. 通过本次阅读，学会了把握文章的结构。

七、布置作业（2分钟）

目的：学以致用是教学的根本目标。商务汉语学习者的重要任务是运用知识从事商务实践活动，所以作业突出实践性特点。

1. 小组阅读讨论，整理课文三的结构提纲，并写出来。

2. 分组查找2013年秋季114届广交会的相关资料并阅读，找到这届秋交会的特点，设计阅读问题，在班上交流阅读。网址：http://www.1gjh.com/zjdb.aspx

十三 板书内容

第113届春季广交会

（左边）	（右边）
采购商	上：
参展商	
展位	
成交金额	
参展企业	下：产品（工厂） 商品（流通） 展品（展览）

十四 教学反思

商务汉语阅读教学的任务是扩展信息，强化汉语和商务知识，提高跨文化交际能力。教材课文内容具有一定时效性，所以，应该结合教学内容适时补充扩展，使教学与时俱进。实践性是商务汉语的突出特征，阅读教学应该从实践入手，为学习者创设有利于培养能力的阅读环境，充分利用网络课堂，在班级创造交互式学习环境，更好地为学生营造学习氛围。

附录

课文一

第 113 届春季广交会顺利闭幕

第 113 届中国进出口商品交易会（2013 年春季广交会）在中国国家商务部和广东省政府的大力支持下，在各国客商的共同努力下，于 2013 年 5 月 5 日顺利闭幕。本届广交会分三期分别展出重工业类、轻工日用消费品类、纺织服装及医药保健类商品，圆满完成了展会的各项日程，获得了喜人的成果。

根据官方统计，本届广交会到会境外采购商来自 211 个国家和地区，共计 20.2766 万人次，比第 112 届增长 7.06%，比第 111 届同期减少 3.83%。成交金额方面，本届广交会累计出口成交 355.4 亿美元，环比增长 8.8%，同比下降 1.4%。

数据显示，2013 广交会展览面积 116 万平方米，展位总数 59531 个，比上届增加 22 个。境内外参展企业 24746 家，比上届减少 94 家。其中，出口展区展位总数 58631 个，比上届增加 16 个，参展企业 24184 家，比上届减少 104 家；进口展区展位总数 900 个，比上届增加 6 个，共有来自 38 个国家和地区的企业参展，比上届增加 10 家，参展企业数量位居前五位的国家和地区分别为：韩国 161 家、中国台湾 75 家、印度 70 家、马来西亚 65 家、土耳其 50 家。

本届广交会对市场招商情况做了细化，注重印度、巴西、土耳其等 11 个国家和地区的成熟市场招商，着力拓展马来西亚、印尼、俄罗斯等潜力较大的新兴市场，挖掘美国、欧盟等传统优质客源市场的二三线城市招商潜力。分析认为，这对进一步开发国际市场是行之有效的办法。

据悉，商务部将会继续发挥广交会窗口和平台作用，进一步促进中国经济与世界经济融合，引导企业逐步形成以技术、品牌、质量、服务为核心的出口竞争新优势。从本届广交会起，开始举办“设计促进贸易”系列活动，旨在倡导企业加大自主研发和设计创新，加快转变外贸发展方式。

为提升参展企业设计研发水平，推动外贸转型升级，广交会计划自 2013 年起每年举办一次“广交会出口产品设计奖”（CF 奖）评选活动。2013 年 CF 奖仅限广交会出口展参展企业的产品参评，分 5 个类别，涉及 13 个展区，设创新性、美感性、品质性、功能性和环保性五方面评分标准，邀请境内外设计界专家作为评委，第114届广交会结束前完成评选、公布结果并颁奖。

本届广交会还从布展、参展和撤展三方面着手，在三期分别举行了“低碳环保特装”评比，对获奖的参展企业和施工单位给予相应奖励，特别是对低碳环保特装评比获奖的单位，可在同等条件下获得展位优先安排。

本届广交会的成功举办，对于进一步促进中国进出口贸易发展，扩大外向型经济规模，增强企业自主研发能力，提高企业的国际竞争力等方面均具有重要意义。广交会组委会将继续在创新、发展上下功夫，使中国第一展成为中国对外经济发展中一个重要的平台。

一、浏览课文，标出课文自然段，回答问题

1. 课文是通过哪些方面的数据来介绍广交会的？

2. 本届广交会有什么新变化？

二、仔细阅读课文第2段，完成下面的选择填空练习

1. 这段介绍的是广交会的______情况。

A. 进口　　B. 出口　　C. 进出口

2. 这段一共提到了______届广交会。

A. 1　　B. 2　　C. 3

3. 与上届广交会相比，本届广交会累计出口成交金额______。

A. 增加了　　B. 减少了　　C. 没变化

4. 与2012年春季广交会相比，本届广交会累计出口成交金额______。

A. 增加了　　B. 减少了　　C. 没变化

5. 对比上届广交会，本届广交会到会境外采购商人数环比增长了______。

A. 7.06%　　B. 8.8%　　C. 3.83%

6. 与2012年春季广交会相比，本届广交会到会境外采购商人数同比下降了______。

A. 7.06%　　B. 8.8%　　C. 3.83%

三、仔细阅读课文全文，选择填空（可以多选）

1. 与“本届”相邻的两届是______。

A. 上届、下届　　B. 首届、末届　　C. 往届、这届

2. 用于表示数据来源的词语有______。

A. 数据显示　　B. 根据官方统计　　C. 分析认为　　D. 据悉

3. 第 4 段内容的主要意思是______。

A. 对市场招商情况进行细化　B. 注重成熟市场　C. 着力拓展新兴市场

4. 113 届广交会举办“设计促进贸易”系列活动的目的是______。

A. 继续发挥广交会窗口和平台作用

B. 进一步促进中国经济和世界经济融合

C. 倡导企业加大自主研发和设计创新，加快转变外贸发展方式

5. “为提升参展企业设计研发水平，推动外贸转型升级，广交会计划自 2013 年起每年举办一次‘广交会出口产品设计奖’（CF 奖）评选活动。”这句话的主干是______。

A. 提升参展企业设计研发水平

B. 推动外贸转型升级

C. 广交会计划举办评选活动

6. “低碳环保特装”评比的内容是______。

A. 参展企业　　B. 施工单位　　C. 布展、参展和撤展

四、阅读并讨论

阅读课文第 3 段，从这组数据看，本届广交会出口参展企业和进口参展企业数量上各有什么变化？你认为原因是什么？

课文二

第 114 届秋季广交会时间表

<table>
<tr><th colspan="2">项目·时间</th><th>第一期
（2013.10.15 ～ 19）</th><th>第二期
（2013.10.23 ～ 27）</th><th>第三期
（2013.10.31 ～ 11.4）</th></tr>
<tr><td rowspan="3">I</td><td rowspan="2">布展时间</td><td>10 月 10 日～ 12 日
每天 8:30 ～ 17:30</td><td>10 月 20 日 7:00 ～
21 日 18:00</td><td>10 月 28 日 7:00 ～
29 日 18:00</td></tr>
<tr><td colspan="3">布展务必严格按照规定时间施工，否则将予以惩处。</td></tr>
<tr><td>展品进馆及摆放时间</td><td>10 月 13 日 8:30～24:00；
10 月 14 日 8:30 ～ 12:00</td><td>10 月 21 日 18:00 ～
22 日 22:00</td><td>10 月 29 日 18:00 ～
30 日 22:00</td></tr>
</table>

（续表）

项目·时间		第一期 （2013.10.15～19）	第二期 （2013.10.23～27）	第三期 （2013.10.31～11.4）
Ⅰ		展品进馆及摆放要服从工作人员安排，依序进行。		
Ⅰ	全面封馆时间	10月14日12:00	10月22日22:00	10月30日22:00
Ⅰ	全面封馆时间	参展企业应在此时限前布展完毕，此后不得施工。		
Ⅱ	参展商进馆时间	10月15日～19日 每天9:00～18:00	10月23日～27日 每天9:00～18:00	10月31日～11月4日 每天9:00～18:00
Ⅱ	采购商进馆时间	10月15日～19日 每天9:30～18:00	10月23日～27日 每天9:30～18:00	10月31日～11月4日 每天9:00～18:00
Ⅱ	采购商进馆时间	展会活动期间，参展商和采购商可以凭证件自由出入。		
Ⅲ	撤展时间	10月19日18:00 ～10月20日3:00	10月27日18:00 ～10月28日3:00	11月4日18:00 ～11月5日3:00
备注：第114届广交会时间安排参照上一届秋交会时间，若有变动，以广交会官方公布为准。本届广交会不接受第一、二期任何延时撤展的申请，第三期需申请加班撤展的企业，可于11月4日9:30～17:00分别在本区域客服中心现场服务点柜台办理加班手续。				

一、浏览表格回答问题

1. 这是一个介绍什么的表格？

2. 表格Ⅰ、Ⅱ、Ⅲ各部分分别代表广交会的什么阶段？参与者分别是谁？

二、猜猜下列词语的意思，注意词语的特点

布展　　展品　　封馆　　撤展　　客服

三、读下面的句子，为画线词语找出一个意思相近的词语进行替换。体会一下替换前后有什么不同

1. 布展务必严格按照规定时间施工，否则将予以惩处。

2. 展品进馆及摆放要服从工作人员安排，依序进行。

3. 参展企业应在此时限前布展完毕，此后不得施工。

4. 展会活动期间，参展商和采购商可以凭证件自由出入。

5. 第114届广交会时间安排若有变动，以广交会官方公布为准。第三期需申请加班撤展的企业，可于11月4日9:30～17:00分别在本区域客服中心现场服务点柜台办理加班手续。

课文三

中国第一展——广交会，为企业参与国际经济贸易合作交流提供了不可多得的机会。以相册为主打产品的武汉博艺文化用品有限公司，就是广交会的直接受益者之一。他们回顾多年来参加广交会的经历，总结了如下几点益处。

扩大了获得更多＿＿＿＿＿＿的机会。广交会的采购商是来自世界各地的专业客商，企业面对的是一个全球性的市场，在那里可以充分展示产品，使获得订单的概率最大化。博艺公司2005年首次参加第98届秋季广交会，出口成交额为20万美金；在此基础上巩固客户，2006年春季广交会出口成交额达到70万美金，环比增长250%；到2006年秋交会上出口成交金额达到100万美元，同比增长了400%。其中西班牙、荷兰、德国、墨西哥、巴西、智利和加拿大等国是主要市场，占订单总额的80%。

提供了结识更多＿＿＿＿＿＿的机遇。参加广交会可以结识一批具有强大实力的潜在客商。客商在参观完展品后会对企业产生浓厚的兴趣，他们详细询问产品的参数、生产技术、工厂规模和历史等，企业也可以顺便了解客商的公司规模、经营方式、目标产品等。虽然在广交会期间可能没有下订单，但是通过真诚、坦率地交谈，大家从互不相识到彼此了解，对有的客商甚至达到知根知底，为今后的合作提供了潜在机会。

搭建了展示企业＿＿＿＿＿＿的平台。广交会是全世界知名的中国进出口商品展示交易会，企业可以通过展位布置、展品呈现、理念设计和广告宣传，展示产品的独特优势，树立企业的良好形象。博艺公司从2008年的春季交易会开始，在广交会的品牌区拥有两个宣传展位，为了更完美和精确地展示公司的实力，公司对展台做了精美和考究的设计和装修，蓝色的主题背景和明亮的灯光，新颖且琳琅满目的产品，再配上精心设计、内容丰富的产品目录，形成了一道亮丽的风景线，使公司形象在国外客商的心目中得到进一步提升，从而吸引了大批客商云集公司展位。

拓宽了了解＿＿＿＿＿＿的渠道。广交会是一个专业性很强的交易会，相同产品系列的生产商汇聚一起，同台展示各自的产品，可以借此机会了解同行的产品结构、销售价格和市场定位等信息，这对企业掌握市场和开发新产品有重要帮助。与会期间，企业与其他厂商互相交流、相互了解、相互促进，虽然是生意上的竞争对手，但是却可以建立起深厚的友情，企业也能对竞争环境有更深切的了解。

打开了通向世界的＿＿＿＿＿＿。广交会面对全球市场，不同国家和地区对同类产品的要求不同，企业可以借助广交会这个窗口，了解市场需求，从而针对市场需求细化产品。博艺公司第一次参加广交会时，由于参展经验不足和对国际市场不了解，参展效果不佳。此后，公司调整了产品展示的品种和展示方式，使得客商逐渐多了起来。在与国外客商交谈时，进一步了解到不同国家和地区的客商对相册的颜色、封面材料、产品厚度、装订方式和质量等方面有着不同的喜好，于是，公司推出了封面带开窗的宝宝系列、彩纸印刷封面的迪斯尼系列和丝绸封面的婚纱系列等特色产品，市场反映良好。尤其在第112届广交会上，公司按照市场需求推出一款婚纱系列的新产品，作为此次广交会的主推产品，受到国际市场尤其是欧洲市场的热烈欢迎。

很多企业也与博艺公司一样，通过广交会，开阔了视野，打开了市场，壮大了实力，并藉此走向世界，成为国际经济贸易舞台上的重要角色。

快速阅读课文，完成下面练习

1. 阅读课文，填空。

2. 阅读课文2～6段，找出2～6段的核心句，看看每段是如何围绕核心句论证的。

3. 厘清课文的结构。

4. 请为课文设置一个标题。

教师简介

沈庶英，女，汉族，教授。多年从事对外汉语教学工作，主要教授商务汉语综合课、商务汉语阅读课等。研究领域为汉语国际教育，研究方向为对外汉语教材和商务汉语教学。已出版《对外汉语教材理论与实践探索》《商务汉语教学理论研究与方法创新》等学术专著。发表《经贸汉语综合课的定位》《基于因材施教理念的对外汉语教材选择探讨》等多篇学术论文。

教案点评

赵 菁

（北京语言大学汉语学院，副教授）

沈庶英老师的“高级商务汉语阅读课”是面向来华留学本科三年级的学生开设的。教案是围绕“会展经济”单元（总计6课时）中第三讲（5、6课时）的教学内容设计的。

该教案有以下特点：

1. 商务汉语课型特点突出

围绕“会展经济”这一话题，分别从语言、商务知识、商务文化三个方面着力，充分体现了商务汉语的课型特点。

2. 教学过程完整，环节清晰

课程各板块分工明确，由会展情况，到展览程序，到广交会作用，每一环节都有明确的设计理念，每一环节都有特定的练习、任务、检测，各板块之间的衔接与过渡也很自然。

3. 教学重点突出

对课程的重点词语、句型、语体、实践活动都进行了专门的设计。

4. 阅读技能训练方法多样，体现出阅读课的特点

采取的阅读技能训练的方式有：（1）浏览课文，把握大意；（2）重点段落阅读；（3）整体细读全文；（4）合作阅读；（5）快速阅读；（6）趣味阅读。

同时，沈老师还进行了语体练习，以强化商务汉语语体的特点。

5. 突出情境，注重引导与启发

通过图表、案例引导学生进行分析解读，理解其中深层内涵，了解中国商务文化特征。通过小组讨论、交互式学习进行深入探究，培养团队意识，去完成展会中的一些实际操作环节。

对该教案的两点建议：

1. 作为本科三年级的学生，阅读的量似乎还不够，希望能补充更多的内容，加大学生的阅读量。

2. 作为阅读课，细节处理似乎有些多，可增加更多的整体阅读训练。

教案 6

经济全球化

任课教师：丁　燕

一　课型

高级商务汉语阅读

二　教材

《高级经贸阅读教材》(自编)

三　教学对象

掌握 3000 个左右常用词汇的汉语速成学院进修系 E、F 班学生。共 19 人，来自 5 个国家，主要为韩国和日本学生，其中韩国学生 14 人、日本学生 2 人，另外美国、奥地利、澳大利亚学生各 1 人。

四　教学内容

1. 生词：23 个
2. 经贸词汇：5 个，其中 1 个为本课经济学关键词，另外 4 个为课文中出现的经贸词汇。
3. 重点句式：……不一定是A，甚至不是B。……都知道，……不是a，而是b。这（C）才应该是……
4. 课文：

细读课文:《请不要为丰田悲戚》

快读课文:《丰田“召回门”事件》

《福特流水线》

《JIT 零库存管理》

五 教学目标

1. 认知领域

（1）通过课文阅读带动学生对生词的自主学习，并通过阅读讲练让学生熟悉一部分重点生词的意思。

（2）通过经贸词汇的学习，让学生熟悉“经济全球化”的含义及其表现形式，并了解与之相关的“全球化商业模式”“物流系统”“危机管理”和“营销”的大概含义，对相关经贸知识有基本认识。

（3）通过重点句式的讲练，让学生掌握难句、长句的语义特征、句式特点和标志词语。

（4）通过课文的学习，让学生在把握篇章结构、理解文章内容并准确理解细节的基础上，大致了解当代经济的全球化特征、跨国公司的全球化策略及其潜在的危机，同时了解相关的经济常识，熟悉重点经贸词汇。

2. 技能领域

（1）能通过阅读抓住关键词、主题句或用概括法抓住文章主要内容。

（2）能通过标志词语分析和理解包含多层意思的复杂句式。

（3）能识别、分析文章中上下句所包含的对应词并用于阅读理解。

（4）能把握包含一些经济专业内容的短评类文章的篇章结构，并能通过概括、总结，宏观把握一篇文章的内容和观点。

3. 情感领域

（1）学生在了解了“丰田”这样的跨国公司成长历程及出现的问题后，有进一步了解经济全球化及其相关的商业模式和其背后隐藏的问题的愿望。

（2）学生对其他的经贸类文章产生主动阅读的兴趣和愿望。

4. 学习策略

帮助学生继续提高抓关键词句能力、联系猜测能力、分析句式能力和概括总结能力，训练阅读技巧。帮助学生把阅读的注意力从单个的词汇和句子逐步扩展到句群、语段直至全文，注重对文章整体意思和作者观点的理解，并把学生对文章的理解从单纯语言的意思扩展到其包含的知识内容，通过阅读获得有一定系统联系的经贸知识。

六 教学重点和难点

1. 经贸词汇

（1）准确理解经济学关键词“经济全球化”的意思、主体和表现形式。

（2）理解经贸词汇“全球化商业模式”“物流系统”“危机管理”和“营销”的含义。

2. 句式：……不一定是A，甚至不是B。……都知道，……不是a，而是b。这（C）才应该是……

通过标志词语分析和理解这一复杂句式并把它用到语段的阅读中，快速抓住语段的意思和观点。

3. 准确理解细读课文《请不要为丰田悲戚》的内容和作者观点，并大致了解当代经济的全球化特征、跨国公司的全球化策略及其潜在的危机，同时了解相关的经济常识。

七 教学方法

围绕“经济全球化”这一主题组织教学，把阅读贯穿到每一个教学环节中，并在每一个教学环节都尽量突出“全球化”这一主题，以期给学生留下深刻印象，并以此为纲理解所学内容，同时把经贸知识的学习融合到阅读中去。具体的教学方法主要有：

1. 从复习、整合旧课的经贸知识入手，引出新课内容。
2. 以“经济学关键词”的阅读理解开启新课的教学，明确主题，统领整个课堂教学。
3. 经贸词汇的学习通过学生阅读、教师提问并启发讨论的方式进行。
4. 细读课文相关的背景事件和经贸常识通过快读的方式让学生了解。
5. 通读和分段阅读结合、抓主要内容阅读和准确理解细节阅读结合、理解文意和讲练词语句式结合，多角度把握细读文章。
6. 运用直观手段，使用多媒体辅助教学。

八 教学时间

全课共四课时，分两讲。每讲两课时，约100分钟完成。本教案属于前两课时。

第一讲（共100分钟）	
第一课时（50分钟）	第二课时（50分钟）
组织教学（约1分钟）	阅读细读课文1～2段（约23分钟） *明确要求（约2分钟） *学生阅读（约5分钟） *学生回答问题、教师分析并讲练词语、重点句式（约16分钟）
复习旧课、引入新课（约10分钟） *复习前六课的主要经贸知识（约5分钟） *通过旧知识点引入新课主题（约5分钟）	
阅读"经济学关键词"的解释（约5分钟）	阅读细读课文3～4段（约20分钟） *明确要求（约2分钟） *学生阅读（约5分钟） *学生回答问题、教师分析并讲练词语、训练抓对应词能力（约13分钟）
阅读《丰田"召回门"事件》（约18分钟） *明确要求（约1分钟） *学生阅读（约7分钟） *学生回答问题、讲解（约10分钟）	
快速通读细读课文《请不要为丰田悲戚》前四段（约6分钟）	通读细读课文1～4段，概括文章每一段主要内容，总结评论性文章篇章结构（约5分钟）
经贸词汇的阅读学习（约10分钟）	总结本次课内容并布置作业（约2分钟）

九 教具

媒体类：PPT、图片

十 教学步骤

第一讲

（第一、二课时，100分钟）

一、组织教学

组织教学，课堂导入。

【导入语】今天我们要开始学习第七课。按照惯例，我们在学习新课之前都要先复习以前学过的内容，现在我们来复习一下前六课的主要内容。

二、复习旧课、引入新课

【教师行为】教师展示PPT课件，同时用提问的方式帮学生复习前六课学到的主要经贸知识。教师设计问题时把知识用其内在的联系串起来，帮助学生整合阅读中学到的知识。下面引导语中括号内的是要求学生说出的答案，如果学生一时不记得则给予适当的提示。

1.【教师引导语】

我们学习的第一到第三课是第一单元，围绕经济增长和GDP展开了阅读。在第一课，为了大致了解中国经济状况，我们详细阅读了一篇关于“中国奇迹”的文章，大家记得“中国奇迹”指的是什么？（30年高速增长）那高速增长的关键原因是什么？（改革）改革是由什么向什么改？（由计划经济向市场经济改）但这种高速增长也带来了很多负面后果，比如说？（收入差距拉大、环境和资源代价高）因为我们已经认识到片面追求高速增长会带来很多问题，因此在第二课我们主要读到了这样的内容：面对GDP超日赶美我们应该是什么态度？（没理由欣喜、要看问题）在这一课我们读到更多GDP高速增长背后的问题，包括什么？（人均收入低、结构不平衡、分配不合理、透明度不高、环境成本高、不可持续等）因此进入第三课我们读到了关于中国经济增长模式转变的文章。在改革开放的前30年我们的经济增长模式是什么？（出口导向型发展战略）这种模式是中国制造的产品出口到世界各地，之所以能做到这一点，是因为“中国制造”有什么优势？（低成本优势）但是这种优势近些年来渐渐地无法再持续下去，因为它面临很多压力，比如什么？（劳动力成本上升的压力、贸易摩擦的压力）最后总结：因为高速经济增长背后存在着太多问题，所以我们必须“转变增长模式”。

2.【教师引导语】

在第一单元的基础上，第二单元我们围绕“经济转型和三驾马车”展开了阅读。经济转型最突出的表现形式就是结构调整，那么到底要调整什么结构呢？这就首先要了解“国民经济三驾马车”和这三驾马车的运行情况。“国民经济三驾马车”指的是什么？（投资、消费或者叫国内需求、出口）那么这三驾马车都运行得怎么样呢？从第一单元的阅读我们已经知道“出口”这驾马车跑得非常快，在第四课的课文中把中国出口的模式概括为什么模式？（东莞模式）什么是东莞模式？（低附加值的代加工出口模式）再来看“投资”这驾马车，我们读到过中国经济增长的“双高特征”，指的是什么？（高储蓄率和高投资率），显然这驾马车跑得也是非常快的，用我们学过的一个词语来概括就是“过热”。而且，一般讨论投资这个话题常以哪个行业为代表？（房地产业）在我们读到的文章里把房地产也称为什么？（疯狂的产业）和这两驾在增长的路上狂奔的马车比起来，中国“内需”这驾马车的情况怎么样？（长期低迷）因此我们还在第五课专门阅读了这样一篇文章:《中国人为什么不敢消费》。经过这一单元的阅读，我们了解到中国的结构调整是要从以出口拉动增长为主调整到……？（以内需拉动增长为主）从具体的产业结构来看，是要从以劳动密集型为主调整到……？（以技术密集型为主）

3.【教师引导语】

今天我们要开始学习第七课。那么我们这一课的话题和前两个单元学到的内容有什么联系呢？

我们先来回忆一下，经济的一个最基本的平衡是什么？（生产和消费平衡）因为进出口等国际经济往来的普遍存在，因此生产和消费都可以分成国内的和国外的两部分。

中国改革开放三十年经济增长的模式是什么？（出口导向型发展战略）这说明中国经济增长很大程度上依靠了什么？（国外的市场）反过来说，进口中国制造产品的国家他们的市场需求很大程度上依靠了什么？（中国的生产）这种经济增长模式告诉我们，现在一个国家的经济有可能离开别的经济体而单独发展吗？（不可能）

现在国际上的大企业一般都采用什么生产方式？（代加工）特点（技术、资本、市场在外，生产在内）双方的关系？（互相依存）

玩具代工商和俊集团的倒闭主要是因为什么？（中国经济的结构调整）但什么加快了它倒闭的步伐？（金融危机）其他没有面对结构调整但产品主要出口美国的代加工企业在金融危机的背景下命运会怎样？（同样有可能倒闭）所有这些现象都说明了，各国经济通过对外贸易、投资等互相依存，这就是所谓的经济全球化。

用PPT展示+教师提问，随着老师提问和学生的回答，依次显示问题和答案：

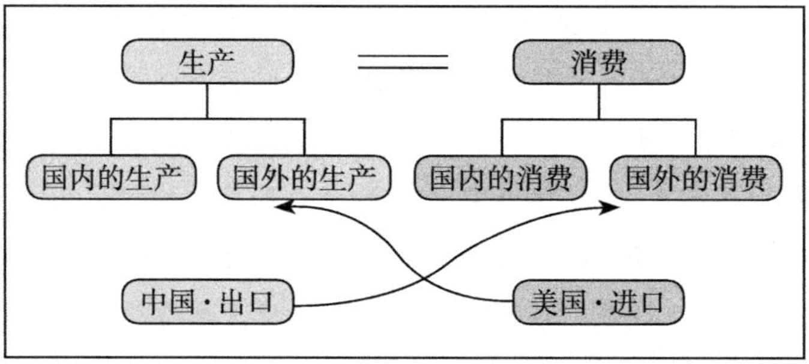

【教师行为】板书：第七课　经济全球化

三、阅读课本上关于“经济全球化”的解释

【教师引导语】

那么具体说来，什么是经济全球化呢？下面我们就来阅读课本上关于“经济全球化”的解释。

【教师行为】展示阅读要求并口头进一步明确，然后请学生阅读，时间1.5分钟。之后请学生依次回答问题，并根据回答的情况做出分析、引导，提示学生注意文中经济全球化的具体表现和长句中列举的表现形式是互相对应的。

【教学行为】板书：**主体：跨国公司**

【PPT展示】

1. 阅读要求

阅读并找到下列问题的答案：
1）哪三个句子解释了什么是经济全球化？
（两个概括的句子和一个包含其表现形式的长句）
2）经济全球化的主体是什么？具体表现是什么？

2. 问题答案

经济全球化（Economic Globalization）：是指地理上分散于全球的经济活动开始综合和一体化的现象，其主体一般认为是跨国公司，具体表现为资本、技术、产品等跨国快速流动或扩散以及跨国公司垄断势力的强化。世界经济活动超越国界，通过对外贸易、资本流动、技术转移、提供服务等方式相互依存、相互联系而形成的全球范围的有机经济整体。简单地说，也就是世界经济日益成为紧密联系的一个整体。经济全球化是当代世界经济的重要特征之一，也是世界经济发展的重要趋势。

四、阅读快读文章《丰田“召回门”事件》

1.【教师引导语】

经济全球化有利有弊，今天我们要阅读两篇关于丰田公司的文章。丰田是跨国公司，它的大多零配件都以代加工方式在世界各个国家生产，所以丰田可以说是经济全球化的一个典型代表。我们将通过阅读关于丰田召回门事件的文章来看看经济全球化背后隐藏的问题。

【教师行为】用 PPT 展示丰田广告图片。

【教师行为】板书：丰田“召回门”事件。

2.【教师行为】展示阅读要求并口头进一步明确，并给出阅读提示。

【PPT 展示】

> 阅读要求
>
> 请快速阅读文章，找出每一段的主题句。对于连续列举数据的段落请划分层次并自己概括主题句。

【教师引导语】（括号内为预期答案）

（1）我们做过找主题句的练习，主题句的位置一般在哪里?
（开头、结尾，个别时候在中间）

（2）当文章出现大量数据时，阅读的方法是什么?
（主要看数据要告诉我们什么，不用花很多时间看数据本身）

（3）如果一段只有一个由多个小句子组成的长句子，那么主题句很可能是某个小句子。

3.【教师行为】请学生阅读，时间 7 分钟。

4.【教师行为】请学生轮流依次说出每一段主题句并用 PPT 依次展示，然后根据学生回答的情况作出分析、引导，最后通过每一段主题句让学生清楚文章主要内容。

【PPT 展示】（随着学生的回答依次展示）

问题答案

(1)丰田是世界上最著名的汽车品牌之一/“有路必有丰田车”。
(2)丰田车的高品质，可以说是全世界公认的。
(3)丰田的质量神话面临破灭的危险。
(4)丰田在中国市场频繁大批量地召回。
(5)丰田在日本本土和其他国家市场上频繁大批量地召回。(第5—11段)
(6)如此频繁地大批量召回，到底是什么原因造成的?
(7)在中国市场上，丰田称大规模召回的原因是电动车窗主控开关缺陷。
(8)但部分消费者怀疑丰田公司召回的原因。
(9)丰田竭力否认质量问题与成本之间的关系。
(10)“召回门”的原因，在于油门踏板存在问题导致刹车失灵。
(11)丰田的品牌号召力这一最大财富目前正在因丰田“召回门”而遭受重大损失。

【教师引导语】

把每一段的主题句放在一起我们可以很清楚地看出，每一段的主题句合起来就是这篇文章的主要内容。

五、阅读细读文章《请不要为丰田悲戚》1～4段

1. 快速通读细读文章《请不要为丰田悲戚》1～4段

(1)【教师引导语】

刚才的文章告诉我们，丰田的品牌号召力这一最大财富目前正在因丰田“召回门”而遭受重大损失，这对于丰田公司来说无疑是很悲戚的事，但接下来我们要细读的文章却告诉我们——请不要为丰田悲戚，这是为什么呢?

【教师行为】板书：**请不要为丰田悲戚**

(2)【教师引导语】

我们首先来快速通读今天要读的课文第一部分1～4段，并在下面十个词中找出三个的关键词。

提示：既然是关键词，它很有可能在课文的每一段都出现。另外，我们这一课的主题是什么?

【教师行为】用PPT展示十个词语(因为文章内容比较难，学生在4分钟的时间里快速通读很难一下子抓住主要内容，因此给出提示词，降低阅读难度)，并请学生快速通读课文1～4段，时间4分钟。

【PPT展示】十个备选词语

丰田、全球化、质量神话、标准零件、默契、召回、油门踏板、产业链、合理误差范围、危机

（3）【教学行为】请学生说出找到的关键词（全球化、产业链、危机）并用PPT展示。然后让学生找出关键词在每一段的出现形式。

【PPT展示】关键词在每一段的出现形式

第一段：全球化商业模式（倒下了）
第二段：全球化供应链的危机
第三段：全球化产业链的潜在危机
第四段：全球化和跨文化的产业链合作（丧失了默契）

2. 学习本部分经贸词汇

【教师行为】请学生阅读课本上的解释并根据内容提问。

【教师引导语】

（1）全球化商业模式：丰田公司的采购、生产、销售是否都是在全球范围内完成的？每个全球化的企业都需要有自己的物流系统。

（2）物流系统：物流就是物品流动，那么物流系统是要将物品从哪里流向哪里呢？这一流动有哪些特点？要实现这些特点它需要利用什么？整个物流系统都包括哪些环节？你在网上购物，购买的东西是由谁送到你家里来？（快递公司）快递公司就是一个物流系统。

【教师行为】PPT展示物流公司流程图并对应课本上的解释。

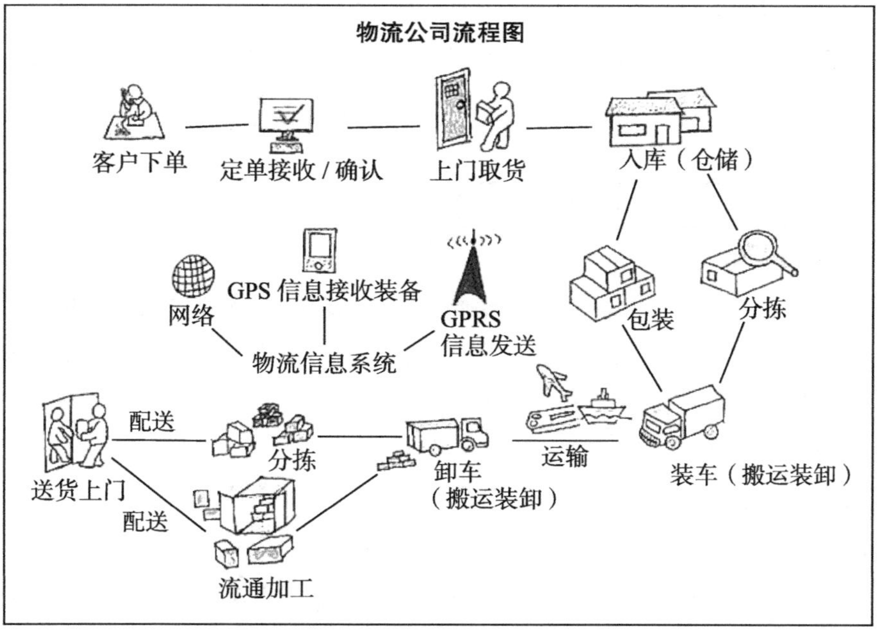

（3）危机管理：企业为了应对危机会做什么？这些活动是危机前、危急中还是危机后做的？危机管理的目的是什么？

3. 细读课文第 1 ～ 2 段

【教师引导语】

接下来我们要仔细阅读课文的第 1 ～ 2 段。

【教师行为】PPT 展示阅读要求并分别请学生朗读每一个问题，加以明确。

【PPT 展示】

阅读要求 阅读课文第 1—2 段，找到问题的答案。 ①丰田公司出了什么问题？（哪个句子概括说明？具体表现是什么？） ②丰田车召回事件中，让总裁丰田章男担心的问题有哪些方面？其中最让他担心的是什么？ ③召回问题产品对大企业来说是很少见的做法吗？ ④这次丰田的召回事件反映了什么问题？ ⑤为什么一个油门踏板出问题，丰田就要召回 700 万辆不同型号的汽车？

【教学行为】请学生轮流回答每一个问题，并用 PPT 展示答案，在此基础上分析、讲练句式，用提问方式检查学生对生词的预习和理解情况（注：生词主要通过预习让学生自主学习，课堂教学仅在课文讲练时检查预习情况并加强理解），同时训练学生准确理解细节的技能和抓标志词语和对应词的阅读技巧。下面引导语中括号内的是要求学生说出的答案，如果学生一时答不出来则给予适当的提示。

针对上一环节提出的问题 1 的课堂讲练

【教师引导语】

哪个句子可以概括丰田公司出了什么问题？（丰田的质量丰碑弹指间灰飞烟灭）丰田出问题有哪两个具体表现？（八种类型、700 万辆汽车的召回还在进行中，丰田的环保旗舰车——Prius 普锐斯又出现异常加速问题。）标志词语是什么？（还在进行中；又出现……）

【教师行为】板书：丰田怎么了？

【教师引导语】

这里包含着一个句式：A 还在进行中，B 又出现……问题。对我们高级班的同学来说，这个句式的意思和结构还是很容易抓住的，它表示一个问题还没完，另一个问题又出现了。

【教师引导语】

现在我们来检查一下生词预习的情况：“旗舰”是什么意思？（海军舰队的指挥舰）普锐斯这个车型对丰田来说重要吗？（重要）

【教师行为】在学生回答的基础上展示海军舰队、旗舰、旗语的图片帮助理解，并扩展出常用短语：旗舰店、旗舰车、旗舰品牌

阅读课文第 1 ～ 2 段，回答问题。

1. 丰田公司出了什么问题？

概括句：丰田的质量丰碑弹指间灰飞烟灭。

具体表现：A 八种类型，700 万辆汽车的召回还在进行中，

B 丰田的环保旗舰车——Prius（普锐斯）又出现异常加速问题。

海军舰队、旗舰、旗语 旗舰店、旗舰车、旗舰品牌

针对上一环节提出的问题 2 的课堂讲练

【教师引导语】

丰田总裁丰田章男担心的问题有几个？（三个）分别是什么？（18 亿美金损失、丰田质量神话的破灭和全球化商业模式的倒下。）作者认为哪个最严重？（作者认为全球化商业模式的倒下最严重）这个问题一般人知道吗？（这个问题一般人不知道）什么人知道？（了解的同行知道）

【PPT 展示】

包含答案并显示句式结构的语段，在学生回答问题的同时展示。

> 最让总裁丰田章男担心的**不一定是**已经造成的 18 亿美金损失，**甚至不是**丰田质量神话的破灭。了解的同行知道，倒下的**不是**（a）丰田产品，**而是**（b）全球化商业模式。**这**（全球化商业模式的倒下）**才应该是**这位总裁忧心的策略问题。

【教师引导语】

这里包含着一个句式：……不一定是 A，甚至不是 B。……都知道，……不是 a，而是 b。这（C）才应该是……

在这个句式中包含三层意思，其中B比A程度高，但是C才是作者的观点，并且，在表达C的时候又包含一个小的结构，也就是“不是a，而是b”，我们可以看到，这里的b等于C。可以说这个句式相当复杂，但只要我们理清了它的层次，专注每一个标志词语，我们就可以快速读懂文章的意思和作者的观点。

【教师行为】PPT展示提炼出来的重点句式，然后PPT展示两个用此句式表达的语段。

【PPT展示】句式结构

……**不一定是**A，**甚至不是**B。……**都知道**，……**不是**a，**而是**b。C**才应该是**……	
A：第一种可能	B：第二种可能
a：一般人认为的情况	b：一般人不知道的情况
C：作者的观点	b=C

【教师引导语】

现在我们来阅读两段用这一句式表达的文章，看看同学们能不能在句式结构和标志词语的帮助下快速抓住文章的意思和作者的观点。

【PPT展示】用这一句式表达的语段

语段1：

和俊玩具集团这样的代加工出口企业的倒闭，其最主要的原因**不一定是**企业管理不善，**甚至不是**金融危机的影响。熟悉这几年经济结构调整相关政策的人**都知道**，**不是**代加工企业的产品不再受欢迎，**而是**国家鼓励出口的优惠政策的取消使得他们原本就很微薄的利润被进一步压缩。**这才应该是**这些代加工企业倒闭的根本原因。

语段2：

中国大妈们对黄金看似疯狂的抢购，其最主要的原因不一定是为了与华尔街金融大鳄对着干，甚至不是因为觉得投资黄金可以大赚一笔。如果你了解女性的购物心理，你就会知道，对中国大妈来说，黄金降到这个价那就像北京四环的房子从5万一平降到4万一平，那是一定要抢的。所以她们抢购黄金不是在投资，而是在抢难得打折的便宜商品。这才应该是大妈们抢购黄金的主要动力。

【教师行为】请学生快速（1分钟）阅读每一个语段，之后通过提问让学生迅速抓住语段的A、B、C和a、b这五个层次，并能抓住作者的观点。

【教师引导语】

接下来我们来检查一下这一段中出现的生词的预习情况。首先我们来看一下，“丰田的质量丰碑弹指间灰飞烟灭”和哪个句子意思差不多？（丰田质量神话的破灭）那么第一个句子中的“丰碑”和“灰飞烟灭”分别对应第二个句子中的哪两个词？（神话、破灭）因此我们可以大致知道，“丰碑”和“神话”意思相近，“灰飞烟灭”和“破灭”意思相近。当然意思相近并非意思相同，现在就请同学们说说这两个词是什么意思。（丰碑指高大的碑，通常记载伟大的功绩；灰飞烟灭指完全消失。）

我们再来看“弹指间”的“弹指”是表示什么的词？想一想我们常用的“转眼间”这个表达是不是和它类似？（是表示时间的词。表示时间很短。）同样的方法我们来看看“丑牛之尾”是表示什么的词？注意它被用在“就在”的后面，“就在”后面一般跟时间或地点，这里呢？（表示时间）这里的“丑牛”我们课后有注释，是中国传统的干支纪年法和十二生肖相结合的一种时间表达方式，表示某一年。那请同学们根据文章的写作时间（2010年2月）来猜一下，这里的“丑牛之尾”指的是什么时候？（2009年年底）

最后我们来看看“策略”这个词。“策略”跟哪个常用词的意思相近呢？（方法 / 计策）那么这个方法或计策和一般的方法和计策有什么不同呢？我们来回忆一下刚才练习的句式，想一想A问题是不是已经很大了？B问题呢？C问题呢？（C问题最大）所以策略指的是大的、关系全局的方法和计策。

针对上一环节提出的问题3的课堂讲练

【教师引导语】

召回问题产品对大企业来说是很少见的做法吗？（不少见）标志词语是什么？（标志词语是“早已成为、必备招式”）每年召回的汽车多不多？（很多）标志词语是什么？（标志词语是“足以”）

【PPT展示】

召回问题产品早已成为大企业危机管理的必备招式。每年企业主动召回的各类型号汽车也足以停满一个橄榄球场。

【教师引导语】

来看一下生词：“招式”什么意思？“必备招式”还可以说成“必备什么”？（必备方法）没错。“招式”意思就是方法，只不过它的本义指功夫中进攻或防守的方法。

针对上一环节提出的问题 4 的课堂讲练

【教师引导语】

这次丰田的召回事件反映了什么问题？（反映了全球化供应链的危机。）

【教师行为】板书：**反映了什么问题？**

针对上一环节提出的问题 5 的课堂讲练

【教师引导语】

为什么一个油门踏板出问题，丰田就要召回 700 万辆不同型号的汽车？（为了高效利用全球的物流系统，汽车企业设计了越来越多的标准零件，并把它们用在不同型号的汽车上。一个油门踏板出问题，700 万辆不同型号的汽车都受到影响。）丰田的哪个零部件出问题了？（油门踏板）汽车企业为什么要设计越来越多的标准零件？（为了高效利用全球的物流系统。）为什么油门踏板出问题需要召回 700 万辆不同型号的汽车？（因为油门踏板是“标准零件”，被用在不同型号的汽车上。）

【教师行为】板书：**为什么？**

4. 细读课文第 3 ～ 4 段

【教师引导语】

当汽车企业设计了越来越多的标准零件，并把它们用在不同型号的汽车上时，丰田这样的跨国公司就出现了全球化供应链的危机，这到底是为什么呢？答案我们要到课文的第 3 ～ 4 段去找。

【教师行为】PPT 展示阅读要求并分别请学生朗读每一个问题，加以明确。

【PPT 展示】阅读要求

> 阅读课文第 3 ～ 4 段，回答问题。
> ① 丰田的油门踏板是哪个公司制造的？其他零部件是丰田公司自己造的吗？丰田在整个汽车制造过程中只负责什么？
> ② 全球化产业链的潜在危机是什么？（请在第三段中找出具体分析，从第四段中找出一个概括这一危机的句子。）
> ③ 为什么以前日本本土的丰田生产系统没有这样的危机？（概括的句子、具体分析）

【教师行为】请学生轮流回答每一个问题，并用 PPT 展示答案，在此基础上分析、讲练句式，并用提问方式检查学生对生词的预习和理解情况，同时训练学生准确理解细节的技能和抓标志词语和对应词的阅读技巧。下面引导语中括号内的是要求学生说出的答案，如果学生一时答不出来则给予适当的提示。

针对上一环节提出的问题 1 的课堂讲练：

【教师引导语】

丰田的油门踏板是哪个公司制造的？（美国 CTS 公司）其他零部件是丰田公司自己造的吗？（不是）丰田在整个汽车制造过程中只负责什么？（只负责控制设计和完成整车组装）

丰田的这种零部件加工方式就是我们以前学过的什么加工方式？（代加工）别的汽车企业自己加工零部件吗？（所有的汽车生产大厂都不再自己制造零部件，都是代加工。）

针对上一环节提出的问题 2 的课堂讲练：

【教师引导语】

课文中是怎么具体分析全球化产业链的潜在危机的？（每个外加工的零件都有合理误差范围。当它们被置入一个庞杂的汽车系统中后，单个零件的误差不断被放大，发生问题的可能性也随之放大。）

什么是"合理误差范围"？比如说你需要做一个 1 米长的桌子，你能保证你做出来的正好是 1 米，连 1 毫米也不差吗？（不能）那这个 1～2 毫米的误差就是所谓的"合理误差范围"。汽车系统中的零部件多吗？（多）复杂吗？（复杂）那当成千上万个零部件每个都有 1～2 毫米的"合理误差范围"时，这些"合理误差"被加到一起是不是就大了？容易出问题了？（是的）由此产生的互动问题容易说得清吗？（不容易说清）课文中用的是哪个词？（"模糊性"）

【教师行为】板书：问题是怎么产生的？

【教师引导语】

但是，要提醒同学们注意的是，这一分析实际上说的是"产业链的潜在危机"，并没提到"全球化"，要和下一段的分析结合才是"全球化产业链的潜在危机"。因此，能概括回答这个问题的句子实际上在下一段（第 4 段），是通过和全球化之前的本土生产对比表达出来的。有谁找到这个句子了吗？（进入全球化和跨文化的产业链合作后，企业丧失了相互之间的默契）

针对上一环节提出的问题3的课堂讲练:

【教师引导语】

为什么以前日本本土的丰田生产系统没有这样的危机?(本土的丰田生产系统包含了长期合作、相互了解的200多个上、下游协作企业。他们懂得如何迅速诊断容易出问题的灰色区域。)本土生产系统和全球化生产系统相比，合作企业间有什么珍贵的东西存在?(他们之间有"难以言表的理解")这个东西是因为什么才有的?(这种珍贵的理解是因为"文化上的亲和"才有的。)说得清吗?("难以言表"说明它说不清)和上一段的那个词相对应?("模糊性")哪个句子可以概括这个意思?(文化上的亲和有助于合作各方对模糊情形的理解、接受和沟通。)

【教师行为】板书:**为什么以前没有这样的问题?**

【教师引导语】

好，在弄明白"全球化产业链的危机"是怎么产生的以及为什么以前没有这样的问题之后，我们来通过找对应词的练习检查一下同学们生词预习的情况。课文第四段的这些词都有对应词，有的是反义词，有的是近义词，请把他们找出来。

【教师行为】PPT展示让学生找对应词的词语，给学生留1分钟时间找，然后依次提问，请学生回答。

【PPT展示】

对应词

1. 本土	→ 全球化	➢ 反义
2. 上下游企业协作企业	→ 产业链，合作各方	➢ 近义
3. 灰色区域	→ 模糊情形	➢ 近义
4. 合作各方	→ 200多个上、下游协作企业、产业链	➢ 近义
5. 默契	→ (长期合作、相互)了解、(难以言表的)理解	➢ 近义

【教师引导语】

查找对应词练习可以帮助大家学会借助上下文来理解生词或不熟悉的句子。

5. 再次通读1～4段

【教师引导语】

我们在细读课文每一段的时候已经回答了黑板上的这些问题，现在，这些问题的答案你还记得吗？现在给大家2分钟时间带着这些问题把课文再通读一下，用最简单的句子概括回答这些问题。另外，除了回答这些问题，也请同学们概括这4段课文；然后告诉我们，所有这些分析都凸显了什么问题？

【教师行为】板书：**凸显的问题**

【教师行为】先用PPT展示黑板上的问题，然后请学生一起回答问题，并用PPT依次显示问题的答案，之后引导学生和老师一起概括出评论性文章的篇章结构。

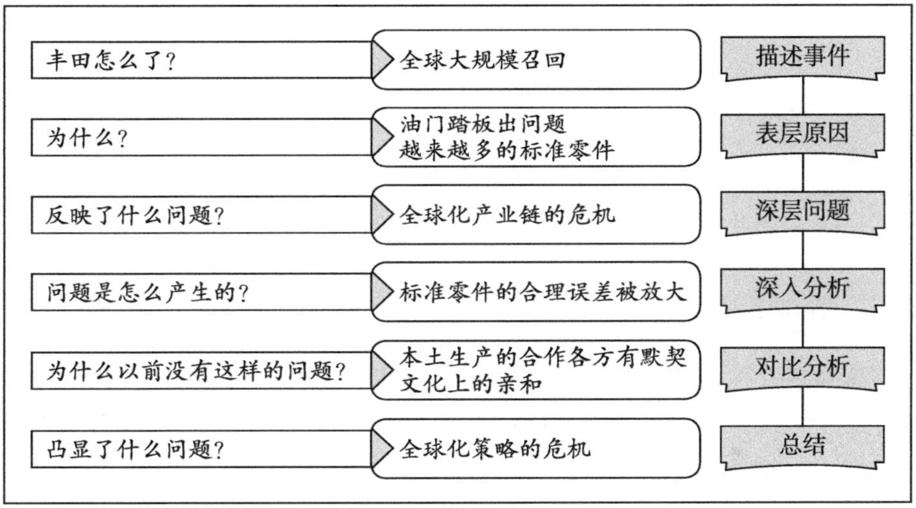

六、总结本次课内容并布置作业

1. 总结：本次课我们通过各种形式的阅读了解了经济全球化和其潜在的危机，那么面对这样的危机，丰田这样的全球化企业会怎么样呢？这将是我们下次课的阅读中要读到的内容。

2. 作业

  1）预习生词17～23。

  2）课下查阅：丰田是怎样成长为全球最大的汽车企业的？什么是丰田生产方式？

十一 板书设计

第七课 经济全球化

主体：跨国公司
丰田“召回门”事件
请不要为丰田悲戚
丰田怎么了？
为什么？
反映了什么问题？
问题是怎么产生的？
为什么以前没有这样的问题？
凸显的问题

十二 教学后记

“高级商务汉语阅读课”，是随着课程改革的进行，顺应学生的需求作为选修课在 E、F 班开设的。教学目标是通过老师带领学生阅读一批内容有代表性，语言规范、同时又不那么艰深难懂的经贸题材的报刊选文，向学生介绍中国经济贸易的基本状况，讨论和分析影响较大的经济现象和世界经济贸易的热点话题，同时学习相关的经济贸易常识。通过学生的自主阅读理解和老师的讲解分析，力求做到既能进一步提高学生的汉语阅读水平，又能扩展他们的经贸知识，并增加对中国社会及中国经济贸易状况的了解。

因为没有合适的教材，因此从担任这门课的教学任务以来，我个人一直在摸索和尝试不同的教学内容、教学思路和教学方法，并且根据教学实践的需要以及本人教学思路的丰富，不断地调整课程的教学内容和整体框架，通过逐步地摸索经验、积累材料，拟订了教材的基本架构，最后初步编选出一本试用教材。在这本教材的编写中，我力争做到在完成阅读目标的同时把宏观经济的一些脉络知识融入教材之中。

本课程在开设过程中所遇到的最大问题是语言难度的把握。因为课程类型的专业性，选取的文章必定是经贸方面的，而这方面的文章，除了新闻性的一般经贸状况的描述类文章外，基本上都涉及了大量的经贸常识，而选课的学生大多完全没有经贸方面的背景，即使是他们母语的阅读也很少涉及这方面的内容，因此，内容的陌生性必然会加重语言理解的难度；而且经贸类的分析文章又常常涉及很多的社会生活背景，甚至一些具体的事件，这些又多半是学生完全不了解的，因此，学生拿到教材后常常是望而生畏。因此在课堂教学中我本人也先后尝试了很多方法，并渐渐有了一些较明确的教学思路。概括说来，我总结的教学思路主要有以下几点。

1. 将阅读与经贸充分融合。一方面主要的经贸知识、经贸词汇的学习尽量都通过阅读的形式进行，另一方面通过经贸类文章的阅读尽量把基本的经贸常识系统地整合起来，初步奠定学生阅读经贸类文章的知识基础，培养学生自主阅读感兴趣的经贸类文章的能力。

2. 快读与细读相结合。知识性、介绍性内容以快读为主，主要培养抓住主要观点的能力；对具体问题、事件的分析、评论类文章以细读为主，主要培养准确理解内容、观点和相关细节的能力。

3. 词语的讲解、句式的分析以及阅读技巧的训练都在把握文章大概意思的基础上进行，培养学生对整体内容的关注。

4. 作业布置上一是尽量引导学生充分预习生词，为课堂阅读扫除基本障碍；二是尽量引导学生课下做自主延伸阅读。

附录

一 经济学关键词：经济全球化

经济全球化（Economic Globalization）：是指地理上分散于全球的经济活动开始综合和一体化的现象，其主体一般认为是跨国公司，具体表现为资本、技术、产品等跨国快速流动或扩散以及跨国公司垄断势力的强化。世界经济活动超越国界，通过对外贸易、资本流动、技术转移、提供服务等方式相互依存、相互联系，而形成全球范围的有机经济整体。简单地说，也就是世界经济日益成为紧密联系的一个整体。经济全球化是当代世界经济的重要特征之一，也是世界经济发展的重要趋势。

二 快读课文《丰田“召回门”事件》

（根据百度百科《丰田》和《丰田召回事件》改写，1105字，阅读时间：5分钟）

丰田（TOYOTA）是世界上最著名的汽车品牌之一，在全球任何一个地方都可以看到行驶着的丰田车，就像丰田在中国最有名的广告语所说的——“有路必有丰田车”！

自1970年以来，丰田汽车一直以高技术含量和高品质在全世界著称。丰田车的高品质，可以说是全世界公认的。

然而近年来，丰田在全球范围内频繁地大批量召回问题车辆，让丰田的质量大打折扣，丰田的质量神话面临破灭的危险。

以中国市场为例，自2004年7月至2009年8月，丰田在中国共有24次召回，涉及车辆近120万辆。而同期丰田在中国市场售出的汽车也不过是130多万辆，也就是说，丰田在中国平均每卖出10辆汽车，就有9辆存在隐患需要召回。

在日本本土和其他国家市场上，情况同样不妙。

2009年前10个月，丰田已在全球召回了9次，涉及车辆达到625万余辆。

2010年10月21日，丰田宣布在全球范围内召回153万辆问题汽车，召回原因是刹车总泵油封存在缺陷，可能会影响行驶安全。

2010年11月4日，丰田宣布因震动会使动力转向感应器失灵，令汽车转向困难，存在安全隐患，在日本和欧洲召回大约13.58万辆小型汽车。

2011年1月26日，丰田宣布，因存在漏油隐患，将在全球范围内召回近170万辆汽车，其中包括日本国内市场的120万辆以及海外市场的42.1万辆。

2011年2月24日，丰田宣布，在美国市场召回217万辆汽车，以解决油门踏板存在的问题。

2012年10月10日，丰田汽车公司宣布，由于电动车窗的开关存在缺陷，将召回46万辆汽车。

如此频繁地大批量召回，到底是什么原因造成的？丰田公司又做何解释呢？

在中国市场上，丰田宣称，大规模召回的原因是电动车窗主控开关缺陷。

这一零部件是由同一供应商供应给广汽丰田和天津一汽丰田两家企业共同使用的。丰田承诺将对召回范围内的车辆免费更换有缺陷的零部件，以消除安全隐患。

但部分消费者怀疑丰田公司召回的原因。他们认为对成本非常在乎的丰田不会为了这样一个很小的原因付出如此大的代价召回，应当是产品本身出了更大更严重的问题。

事实上，丰田这几年连续的召回已经使丰田汽车质量的神话广泛地遭到质疑。在一系列对外解释中，丰田汽车竭力否认质量问题与成本之间的关系，但一次召回又一次地召回，其相关高管在一次道歉之后，不得不进行下一次道歉。

2010 年 3 月 30 日，丰田在日本召开“全球质量特别委员会”首次会议，决定在中国成立“中国质量特别委员会”。丰田对外宣布，“召回门”的原因，在于油门踏板存在问题导致刹车失灵。为了解决这个问题，丰田将为在召回车辆免费安装制动优先系统（BOS），并尽量在 2010 年年底前对所有上市车辆安装此系统。

作为亚洲最成功的企业之一，丰田这一品牌曾经创造了质量神话，但丰田的品牌号召力这一最大财富目前正在因丰田“召回门”而遭受重大损失，如果处理不当，丰田甚至是整个日本汽车业有可能会就此失去优势。

三 细读课文《请不要为丰田悲戚》

（来源:《21 世纪经济报道》2010 年第 2 期　作者：鲍勇剑）

丰田的质量丰碑弹指间灰飞烟灭。就在丑牛之尾，八种车型，700 万辆汽车的召回还在进行中，丰田的环保旗舰车——Prius（普锐斯），又出现异常加速的问题。最让总裁丰田章男担心的不一定是已经造成的 18 亿美金损失，甚至不是丰田质量神话的破灭。了解的同行知道，倒下的不是丰田产品，而是全球化商业模式。这才应该是这位总裁忧心的策略问题。

召回问题产品早已成为大企业危机管理的必备招式。每年企业主动召回的各类型号汽车也足以停满一个橄榄球场。但横跨 8 种车型、全球多个国家的召回，反映出全球化供应链的危机。为了高效利用全球的物流系统，汽车企业设计了越来越多的标准零件，并把它们用在不同型号的汽车上。一个油门踏板出问题，700 万辆不同型号的汽车都受到影响。

召回暴露了全球化产业链的潜在危机。丰田的油门踏板由主要生产感应器的美国 CTS 公司制造。CTS 只负责按图生产，丰田提供产品设计和完成产品组装。事实上，所有的汽车生产大厂都不再自己制造零部件，而只控制设计和完成整车组装。每个外加工的零件都有合理误差范围，当它们被置入一个庞杂的汽车系统中后，单个零件的误差不断被放大，发生问题的可能性也随之放大。这些互动中的问题具有较大的模糊性。

过去，在日本本土的丰田生产系统包含了长期合作、相互了解的 200 多个上、下游协作企业。他们懂得如何迅速诊断容易出问题的灰色区域。文化上的亲和有助于合作各方对模糊情形的理解、接受和沟通。进入全球化和跨文化的产业链合作后，企业丧失了相互之间的默契，难以言表的理解只有在危机发生后才倍显珍贵。

值得思考的策略问题还包括全球各国消费者的反应。虽然事件仍在发酵阶段，消费者如何归咎丰田的责任已经引起跨国市场营销专家的关注。首先，消费者对生产国和产品品牌的既有印象会影响他们对问题产品责任归属的判断。问题产品所带来的严重事故和当事人受到的身心伤害通常能触动旁人“感同身受”的心理效应。随着时间的流逝，问题产品可能消失在强大的品牌形象之中，也可能成为品牌和企业声誉永远的阴影，从而暗地里左右消费者的购买意愿。跨国、跨文化的消费者心理差异和对丰田召回的反应成为极其有价值的观察对象。

危机总会发生，演出照常进行。30 年前，面对物流场所的限制，丰田结合福特流水线，创造性地设计和完善了 JIT 零库存管理。那是丰田走向世界的重要一步。英雄往往经历两次迥然不同的生命，第一次是诞生，第二次是升华。丰田所追求的全球扩张必然带来复杂的系统联动，必然遭遇多元的政治气候和市场生态。在意识到全球化策略的隐含危机之后，丰田能否凤凰涅槃，这不仅是丰田的关注，也是每家全球化企业凝视的戏眼。

四 经贸词汇

①全球化商业模式：在全球范围内统一安排采购、生产、销售的完整的产品、服务和信息流通商业体系。
②物流系统：物流（logistics）是指利用现代信息技术和设备，将物品从供应地向接收地准确、及时、安全、保质保量、门到门地送向接收地的合理化服务模式和先进的服务流程。整个物流系统包括物体的运输、配送、仓储、包装、搬运装卸、流通加工，以及相关的物流信息等环节。
③危机管理：企业为应对各种危机情境所进行的规划决策、动态调整、化解处理及员工培训等活动过程，其目的在于消除或降低危机所带来的威胁和损失。
④营销：根据市场需要组织生产产品，并通过销售手段把产品提供给需要的客户。

教师简介

丁燕，生于1973年，硕士，北京语言大学速成学院讲师。研究方向为魏晋南北朝隋唐五代文学及汉语教学。开设有《中国历史文化专题》和《高级经贸阅读》等课程。

教案点评

陈 军

（北京语言大学汉语速成学院，副教授）

丁燕老师的高级经贸阅读课是为汉语速成学院进修汉语系E、F班学生开设的选修课，在试听后，学生选课非常积极踊跃。高级经贸阅读课每周开设两次，每次两课时。这份教案为第七课的前两个课时的教案。总体上看，丁燕老师的教案完整、规范、详细，富有创意，个性鲜明，充分体现了高级经贸阅读课的课型特点。

一、教学目标明确，环节分明，结构合理，重点突出

复习环节的安排既有新意，又见功底，通过对前六课内容的提问，搭建内容之间的内在联系，并巧妙地引出新课"经济全球化"。接着以"经济学关键词：经济全球化"的阅读理解自然地引入新课，明确主题，并以此来统领整个课堂教学。围绕"经济全球化"这一主题组织教学，把阅读和训练贯穿到每一个教学环节中，并在每一个教学环节都尽量突出"全球化"这一主题，给学生留下深刻印象，并以此为纲理解所学内容，同时把经贸知识的学习融合到阅读中去。整个教案教学目标明确，环节分明，衔接自然，主题突出。结构安排上也颇有章法，先是快读课文，再是细读课文，结构上采用总—分—总，层次分明，重点突出。

二、知识传授和阅读技能训练完美结合，课型特点突出

高级经贸阅读课，顾名思义，既要有经贸知识的传授，又要体现阅读技能的训练，教学内容和训练方式要符合高级班学生的认知水平和能力。本教案在这几个方面做到了完美的结合。首先教师对文章内容把握准确，对教学重点和难点进行了深入的挖掘，根据文章的特点和课程的要求安排教学内容，确定阅读方式和技能训练方式。其次在阅读技能的运用上，不是为了训练而训练，而是紧扣文章内容和篇章结构，注重训练学生通过抓关键词、主题句或用概括法抓住文章主要内容的能力，通过标志词语分析和理解包含多层意思的复杂句式的能力，通过识别、分析文章中上、下句所包含的对应词用于阅读理解的能力。第三能够充分利用和调动学生的认知结构，训练学生如何通过概括、总结，宏观把握包含经济专业内容的短评类文章的篇章结构、内容和观点的能力。虽然训练的点很多，但整体上安排合理，有重有轻。

总之，从词汇到句式，从篇章到结构，从快读到细读，从全面到细节，从简单到复杂，一步一步，通过引导学生理解文章的背景、词句、内容和结构，最终在整体上把握文章。高级经贸阅读的课型特点比较突出和鲜明。

三、充分体现了现代教育思想和理念

充分贯彻自主学习的理念，比如生词主要通过预习让学生自主学习，但在课文讲练环节安排了检查生词预习，对重点生词加强理解。安排上既有主体课文的学习，又有延伸的阅读，将课内外学习有机地结合起来，不仅信息量非常大，而且大大培养了学生的学习主动性和自觉性。

不管是知识的传授，还是技能的训练，课堂的互动性都很强，教师以学生为主，很注重以提问并启发讨论的方式进行，不断地促使学生积极地阅读和思考，充分调动了学生的主动性和参与性。

四、内容详细，具有很强的可操作性

教案中处处体现出教师的用心。教师的课堂行为明确，引导语清楚实用。虽然教案在板式设计上没有区分区域，但教学内容、教师行为、教师引导语一目了然，并用特殊标志标出，具有很强的可操作性。

但教案也存在着两点不足，关于教学目标中的教学情感领域的描述不够到位，应从高级经贸阅读课程的定位上进行进一步的思考和总结。此外，丁燕老师尽可能把想教学的整体面貌呈现给大家，有些部分过于面面俱到，应该再概括、简练一些。

综上所述，丁燕老师能把高级经贸阅读教学理论的学习探索和实际的教学实践加以结合，尊重学生的认知心理，对教材进行了深入的挖掘，拓展了课文的深度和广度，有机地融入了阅读的技能训练，鲜明地突出了高级经贸阅读课的课型特点。

对外汉语读写课 · 优秀教案集

汉语读写课

教案 7

中华饮食

任课教师：宋　刚

一　课型

初级汉语读和写

二　使用教材

《成功之路·进步篇·读和写 1》第 4 课

（王瑞烽编著，北京语言大学出版社，2008 年第 1 版）

三　教学对象

北京语言大学汉语进修学院的长期进修生，他们已经学习了汉语的主要基础语法，应该掌握了至少1200个词。全班共有22人，来自16个国家；学生以大学在校生为主，有少量高中毕业生，都具有较强的自主学习能力和强烈的学习能动性。

四　教学内容

1. 阅读部分

（1）课文一《鱼香肉丝的故事》

（2）课文二《饺子》

2. 写作部分

在课文阅读基础上，完成语段表达写作《中国人为什么喜欢吃饺子》

3. 阅读技巧训练部分

教师自己准备的快速阅读材料《小娟和巧克力》

五 教学目标

1. 认知领域

（1）学生能在规定的时间内完成课文阅读并正确理解课文、完成相应的练习。

（2）学生通过阅读课文对中华饮食有初步认识，并且能结合自己对中国的了解，对相关话题提出自己的看法。

2. 技能领域

（1）学生在阅读课文中能自觉抓住课文的特定句式来提高阅读效率，比如“除了……以外，……”等，也能借助课文设置的上下文语境来理解具有一定文化内涵的词语，比如“冬至”等。

（2）学生通过不同方式的阅读来获取“中华饮食”的信息，并且能够根据教师所给定的表达模式，进行创造性的语段写作。

3. 情感领域

（1）通过不同方式的阅读和互动式的写作，激发学生的学习兴趣，主要体现于小组活动中。

（2）利用小组活动的合作与展示，培养学生展开自我纠错等自我监控能力，学生应该能辨别其他同学的偏误并提出修改建议。

4. 学习策略

引导学生通过彼此间的交流与互相纠正来形成自主学习意识。

六 教学重点和难点

1. 教学重点

（1）通过快速阅读、通读、细读等不同阅读方式，培养学生理解阅读材料，并能够从阅读材料中迅速、准确地获取所需要的信息。

（2）培养学生整合阅读中获得的信息与自己所了解的背景知识，并且以一定模式实现成段写作任务。

2. 教学难点

（1）探索将阅读与成段写作有机地联系起来的读和写教学模式，培养学生从阅读中获取信息并通过写作达到整合输出的能力。

（2）通过小组合作方式来完成指定话题写作，探求这一写作教学方式的实施与评价的手段。

七 教学方法

（1）阅读部分

通过快速阅读、通读、细读等不同方式培养学生通过阅读获取信息的能力与意识，并通过口头回答、个别回答等不同方式检查学生的阅读与理解情况。

（2）写作部分

通过课文阅读及课后练习，采用小组合作方式完成对相关话题的语段写作任务，并且通过课上展示写作成果的方式来培养学生的自我纠错意识和自主学习能力。

（3）阅读技巧训练部分

对于刚从初级汉语的语法教学阶段进入语段教学阶段的学生来说，通过补充的、话题熟悉的短文的阅读，来培养学生对所读材料的短时记忆能力，并且能从记忆中提取所阅读的信息的能力。

（4）其他

尝试探讨读和写相互结合的阅读、写作模式，尤其是如何在读和写之间建立内在关联的教学方式。

八 教学时间

《进步篇·读和写》第四课《中华饮食》主要包括三个课文和一个写作练习，应该用四课时完成，分为两次，每次两课时，100 分钟。本教案为第一次的教案，主要涉及课文一和课文二。

第一次课	第二次课
（1）课文一《鱼香肉丝的故事》	（1）课文三《聚餐和分餐》
（2）课文二《饺子》	（2）写作训练
（3）写作训练	（3）快速阅读《吃醋》
（4）阅读训练《小娟和巧克力》	（4）阅读训练《菜单》

九 教具

（1）媒体类：PPT（包含鱼香肉丝、饺子等图片）

（2）实物类：调料（包括实物“蒜、姜、葱、辣椒”等，以及玩具“盐瓶、酱油瓶、辣椒酱”等）、元宝、金币若干

（3）文具类：白板笔若干（包括黑色若干，以及红色 1 枝、蓝色 1 枝）、A3 白纸若干

（4）板书：上课前在黑板上提前写好学生小组活动用的表达模式

十 教学步骤

第一讲

（第一、二课时，100 分钟）

教学流程：

组织教学

⇩

阅读部分：课文一（快读）→课文二（通读、细读）

⇩

写作部分：成段表达（小组合作）

⇩

技巧训练：短文

⇩

总结、布置作业

（一）组织教学		
教学内容	**教学行为**	**教学说明**
问候学生并宣布上课。（1 分钟）	【教师行为】 微笑巡视学生。 【教师引导语】 同学们好！（稍微停顿，巡视学生） 现在开始上课。	调整学生情绪，使学生进入课堂状态。

（二）阅读部分：课文一《鱼香肉丝的故事》		
教学内容	**教学行为**	**教学说明**
1. 话题引入		
从第四课题目直接引入本课主题“中华饮食”。 （2 分钟）	【教师行为】 教师利用 PPT 展示第四课题目《中华饮食》，并且利用教师与学生之间达成默契的手势指示全体学生一起读出题目。 【教师引导语】 今天我们学习第四课，请大家看（指示 PPT 上的第四课题目，并以手势示意学生齐读）中华饮食。  【教师行为】 教师分别指示题目“中华饮食”中的单字“饮”和“食”，通过话语停顿引导学生分别关注单字的字义并进而猜测整词“饮食”的可能意思，再进而点出本课的主要话题“中华饮食”。 【教师引导语】 “饮”是（停顿）喝，“食”是（停顿）吃；“饮食”就是——。（等待学生回答） 那么，第四课我们要了解什么呢？（学生回答“介绍中国人吃的、喝的习惯”）对，主要是吃的习惯！	教师应该利用各种可能的机会引导学生通过阅读获取有关信息。此处旨在训练学生的猜词能力，即引导学生利用语素的组合规则等来猜测词义。
2. 课文预热		
快速引导学生进入课文一话题“鱼香肉丝” （4 分钟）	【教师行为】 教师借助 PPT 图片引出课文一的主要对象“鱼香肉丝”。 【教师引导语】 你们吃过哪些中国的家常菜？请说出来几个菜名。（学生回答“鱼香肉丝……”）	教师由图片引出“鱼香肉丝”，并且扫除阅读中的可能障碍词语“调料”，保证学生主要精力用于课文内容本身，而不是个别词语。

<table>
<tr>
<td></td>
<td>你们能看出来这是什么菜吗？（老师指示PPT上的图片；学生回答“鱼香肉丝”）
对。这个菜是鱼香肉丝。（教师示意学生共同读出PPT上的菜名“鱼香肉丝”）

【教师行为】
教师借助PPT图片、实物、儿童玩具等简要介绍课文一的主要词语“调料”。
【教师引导语】
中国人做菜时会用很多东西，比如“葱、姜、蒜、酒、醋、酱油”等。（PPT展示调料名字与图片，并带学生读出）
这些都是什么呢？（学生很可能回答“调料”；否则，教师自己说出“调料”）

对。这些都是调料。（教师示意学生共同读出PPT上的“调料”）</td>
<td></td>
</tr>
<tr>
<td colspan="3">3. 课文阅读</td>
</tr>
<tr>
<td>课文一的快速阅读
（5分钟）</td>
<td>【教师行为】
教师首先提出关于课文一的概括性问题，然后要求学生带着问题去快速阅读课文。</td>
<td>这个课文采用快速阅读方式学习。教师在学生阅读前提出两个概括性的问题，不但</td>
</tr>
</table>

	【教师引导语】 现在，我们就来了解“鱼香肉丝的故事”。 老师有两个问题：（教师借助 PPT 依次展示两个问题，并且带领学生读出问题） 1. 鱼香肉丝里有没有鱼？ 2. 鱼香肉丝里有什么调料？ 快速阅读（120 字 / 分钟） 鱼香肉丝的故事 1. 鱼香肉丝里有没有鱼？ 2. 鱼香肉丝里有什么调料？ （4 分钟） 请翻到第 47 页。（教师展示该课文所在页面） 现在，请大家读课文一。时间是四分钟。 开始。（教师注意计时） 请注意：还有一分钟。（教师提示学生剩余时间）	让学生带着问题去读，而且就课文给学生提供一定的预设，这样能启发学生带着目的去快速获取课文中的信息。此外，教师应该注意提醒学生阅读时间，从而强化学生的阅读速度意识。
4. 课文提问		
课文提问并完成课文练习 （5 分钟）	【教师行为】 针对快速阅读前教师提出的两个问题，请学生做简要的回答，有意识地引导学生根据课文内容回答；但是，教师要注意每个学生对问题的回答情况。 【教师引导语】 时间到。 请大家来回答老师刚才的问题。（教师指示 PPT 上的问题，学生集体回答。学生可能的回答“鱼香肉丝里没有鱼”，“鱼香肉丝里有葱、姜、蒜、酒、醋、酱油等调料”） 大家想一想：为什么这个菜叫“鱼香肉丝”呢？ 【教师行为】 在课文提问的基础上，教师带领学生完成课后练习。 【教师引导语】 好的。现在，我们来看问题：（教师借助 PPT 逐个呈现问题，并且请学生主动回答，并在回答后要从课文中提供相关的证据）	首先，教师通过提问检查学生的阅读情况，并引导学生向之后要做的课后练习靠拢。其次，根据学生对课文的阅读情况，完成课后练习；如果教师发现学生对课文理解得不充分，就要对之后的完成课后练习有适当心理准备。在此期间，如果学生对某个问题有疑问或对某个回答有分歧，都要引导学生回到课文中去找根据；也就是说，培养学生从阅读材料中获取信

<table>
<tr><td></td><td>1. 丈夫觉得妻子做的那个菜怎么样？
A. 好吃　B. 难吃　C. 课文里没说
谁来回答？（在学生各自说出自己的回答后，教师环顾学生，并且请某个学生回答）
请你来回答。
请告诉大家你为什么觉得“A”是对的。请告诉我们课文里是怎么介绍的？（学生应该能从课文中找出相应的支持证据）
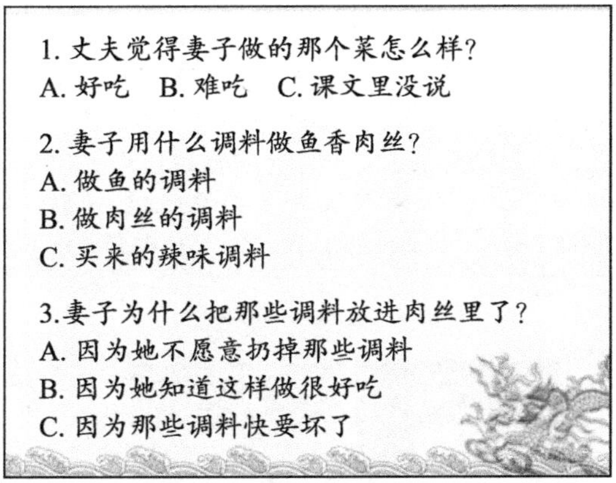
</td><td>息的自主阅读意识。</td></tr>
<tr><td colspan="3">（三）阅读部分：课文二《饺子》</td></tr>
<tr><th>教学内容</th><th>教学行为</th><th>教学说明</th></tr>
<tr><td colspan="3">1. 课文预热</td></tr>
<tr><td>由课文一《鱼香肉丝的故事》很快引入课文二《饺子》。
（4 分钟）</td><td>【教师行为】
以提问方式从课文一《鱼香肉丝的故事》迅速转入课文二《饺子》。
【教师引导语】
我们已经了解了中国人喜欢吃的一个菜——鱼香肉丝。（教师稍作停顿，等待学生一起回答；同时，也示意学生这是对课文一的总结并将进入下一个课文的学习）
中国人还喜欢吃什么呢？（学生回答“饺子、……”）
中国人在过春节的时候一定要吃什么呢？（学生回答“饺子、年糕”……；同时，教师板书“饺子”）</td><td>围绕本课话题“中华饮食”，课文间过渡要紧凑，为此不在课文二之前加入课文引入内容。</td></tr>
</table>

	饺子  对。中国人爱吃饺子，这是——（教师指示PPT上的饺子皮儿，并稍微停顿，等待学生自己说出来）饺子皮儿，是圆的（教师用手比画圆形）；这是饺子馅儿；（教师指示PPT上的饺子馅儿，并稍微停顿，等待学生自己说出来）饺子的样子，饺子的形状看上去像元宝。（教师借助PPT介绍饺子的形状，引入并板书“形状、元宝”） 形状　　元宝  	
2. 通读课文		
提出概括性问题后，让学生通读课文。 （7分钟）	【教师行为】 提出关于整个课文内容的两个大问题，并要求学生在限定时间内完成阅读任务。 【教师引导语】 现在，我们一起来了解一下中国人吃饺子的故事。 请大家读课文二，时间六分钟。 老师有两个问题，请大家在读完课文后回答。 1. 为什么中国人爱吃饺子？ 2. 为什么中国北方人冬至吃饺子？ 时间还有1分钟。 时间到。 请同学们来回答问题一。（教师请学生单个回答问题） 请同学们来回答问题二。（教师请学生单个回答问题） 好的。大家回答得不错。 大家还可以想一想，除了课文里说到的原因以外，还有没有别的原因？	此部分教学用两个大问题引导学生去通读课文，并且由学生总结课文的两个主要内容。 通过通读课文，学生可以对整个课文有一个总体认识。由于学生是带着概括性问题去阅读的，这样保证学生能抓住课文的主要内容，为之后的成段写作打下一定基础。

3. 细读课文（1）		
细读课文 （4 分钟）	【教师行为】 以齐读方式学习课文二的第一段。之后，请学生用一句话概括段意。 【教师引导语】 现在，我们一起来学习课文。（PPT 展示课文第一段，并且通过手势是以学生齐读课文第一段） 中国人爱吃饺子，除了好吃以外，更重要的是因为，在中国人看来，饺子还是一种吉祥的食品。 那么，我们了解了“中国人为什么爱吃饺子”。（教师用手势示意学生来回答问题。学生应该回答：中国人爱吃饺子，因为饺子又好吃又吉祥）	因为学生对话题“饺子”比较熟悉，本段课文又没有很多生词，并且本段具有统领课文的作用，其中的表达“除了……以外，……”对学生迅速抓住课文主要信息具有很大帮助，所以采用齐读方式处理。
4. 细读课文（2）		
细读课文，并做相关练习 （7 分钟）	【教师行为】 教师以概括性问题统领，并要求学生自己阅读课文第二段；之后，再针对课文第一、二段完成相关练习。 【教师引导语】 现在，我们来了解一下：（教师以手势示意学生自己读 PPT 上的课文第二段） 为什么饺子是一种吉祥的食品？ 时间 2 分钟。开始。（教师巡视） 中国人爱吃饺子，除了好吃以外，更重要的是因为，在中国人看来，饺子还是一种吉祥的食品。 饺子的皮儿是圆的，中国人都希望团圆。过年的时候，一家人坐在一起，边包饺子边聊天儿，热热闹闹地一起吃饺子，这样全家人就可以永远在一起，不分开。而且，饺子的形状和元宝很像，吃了饺子，在新的一年里，人们就能挣更多的钱，过上更好的日子。 时间到。 那么，为什么饺子是一种吉祥的食品？（示意学生单个回答，学生回答时板书“吉祥”等） 这个句子里的“吉祥”是什么意思？（教师引导学生回答，但是暂不做评价）	在排除了学生阅读中可能遇到的障碍词语后，让学生自己通过阅读去了解中国人为什么认为饺子是吉祥食品。在此基础上，通过阅读后的练习强化学生对饺子是吉祥食品的认识，更为其后的语段写作做了铺垫。

	大家想想，中国人过春节时拜年常说什么？（学生可能回答“春节快乐、恭喜发财……”等）对。这些都是“吉祥”话，“吉祥”就是……（学生可能回答“好、好听、对人有好处……”等） 很不错。 现在，我们来看三个“判断正误”。（教师利用 PPT 依次呈现问题） 1. 饺子不但好吃，而且是一种吉祥的食品。（　　） 2. 过年的时候，中国人要全家人一起包饺子、吃饺子。（　　） 3. 因为以前有钱人才能吃到饺子，所以人们过年时一定要吃饺子。（　　） 请你告诉我们为什么“对”（或者“错”），请用课文里的句子来回答。	
5. 细读课文（3）		
细读课文 （14 分钟）	【教师行为】 学生阅读课文第 3 ～ 5 段，并做相关练习；教师巡视。 【教师引导语】 我们了解了“中国人为什么喜欢吃饺子”，中国人平时吃饺子，春节也吃饺子，中国人还会在什么时候吃饺子？（学生回答“冬至”） 对。中国北方人有冬至吃饺子的习惯。（教师稍停顿并引导学生回答）那么，为什么中国北方人冬至要吃饺子？现在请大家了解课文第 3 ～ 5 段。 时间 4 分钟。（教师巡视） 中国北方人在冬至那天一般都要吃饺子，所以这一天，超市和饭店的饺子卖得最好。冬至过后，一年中最冷的日子就要到了。老人们常说，冬至这一天不吃饺子，就会冻坏耳朵。这是为什么呢？ 很久以前，有个有名的张医生，一年冬天，…… 张医生是在冬至这天去世的，又是在冬至这天给穷人们喝“娇耳”汤的，从那以后，人们在冬至这天都要吃饺子。	因为课文第 3 ～ 5 段是独立的一个故事，有助于学生理解中国人冬至吃饺子的习惯，所以再次让学生细读。此外，学生既熟悉课文内容又能掌握主要词语，也为之后的语段写作打下了较好的基础，这样“读”和“写”就有机地结合起来了。

时间还有1分钟。
时间到。
中国人有冬至吃饺子的习惯，那么，“冬至过后”是什么时候呢？（学生回答“一年中最冷的日子”）
今年的“冬至”是12月22日。
接着，请大家说说你的看法。（学生单个回答）
现在，我们来读课文做练习，请大家根据课文完成填空练习。（PPT展示，并且示意学生一起来大声地、慢慢地说出自己的回答）

> 冬至的时候，中国人一般都要吃饺子，因为中国人觉得那天不吃饺子，会（ ）坏（ ）。这一天吃饺子和（ ）有关系，他做了饺子送给（ ）吃，人们都很感谢他。他是在这一天（ ）的，所以，中国人会在这一天吃饺子。

大家做得不错。
现在，我们请一位同学再读一遍这段话。（请一个学生自己读一遍）

> 冬至的时候，中国人一般都要吃饺子，因为中国人觉得那天不吃饺子，会（冻）坏（耳朵）。这一天吃饺子和（张医生）有关系，他做了饺子送给（穷人）吃，人们都很感谢他。他是在这一天（去世）的，所以，中国人会在这一天吃饺子。

这里还有一个词，请大家看一看它在课文的句子里是什么意思？（PPT依次展示含有“日子”的两个课文中的句子，并示意学生抢答）
吃了饺子，在新的一年里，人们就能挣更多的钱，过上更好的日子。
对。“日子”在这个句子里的意思是“生活”，比如“我在北京学习的日子很有意思”。
冬至过后，一年中最冷的日子就要到了。
对。“日子”在这个句子里的意思是“时间”，比如“11月23日是李老师结婚的好日子”。

<table>
<tr><td></td><td>吃了饺子，在新的一年里人们就能挣更多的钱，过上更好的日子①。
冬至过后，一年中最冷的日子②就要到了。</td><td></td></tr>
<tr><td colspan="3">（四）写作部分：语段写作</td></tr>
<tr><th>教学内容</th><th>教学行为</th><th>教学说明</th></tr>
<tr><td colspan="3">1. 布置写作</td></tr>
<tr><td>布置写作任务（3 分钟）</td><td>【教师行为】
在学习课文二的基础上，请学生以小组合作的方式，练习清楚写出自己的想法。
【教师引导语】
我们已经了解了“中国人喜欢吃饺子”。接着，我们做一个“写”的练习。
请大家写一写中国人喜欢吃饺子的原因，除了课本介绍的原因以外（教师指示黑板上的课文二概况），大家也可以按照自己对中国的了解，写出你发现的别的原因。
请大家按照老师给的说话方式来写。（教师利用 PPT 呈现特定的说话模式）

为什么中国人喜欢吃饺子？
我觉得，中国人特别喜欢吃饺子，主要是因为：
· 第一，……；
· 第二，……；
· 第三，……；
· ……
· 最后，……。

四位同学一个小组。（教师按照就近原则让学生组成小组，并且把上课前准备的笔和纸发给每个小组）
大家一起来商量，并把你们了解到的原因写出来。（教师升起屏幕露出黑板上预先写好的板书，并指示黑板上的说话模式）
每位同学都要写，用白板笔写在老师给你的这张纸上。（教师展示 A3 白纸）
大家写完以后，我们会请两组同学到前边给我们介绍他们的想法。</td><td>通过小组合作方式让学生共同完成语段写作，一则话题熟悉，二则有课文阅读作为铺垫；并且，这是一次开放性的课上写作活动，给了学生一定的发挥空间，可以将自己对中国文化的了解和理解都表现出来。因此，学生一定有很多材料可写。

此外，教师在既往的教学中已经逐渐培养学生的语篇表达能力，比如关联词语的使用、观点表达的框架等，因而学生应该可以借助表达框架比较清晰地完成语段写作。与此同时，小组合作方式让学生之间有更多的交流，有利于学生互相交流、互相帮助。</td></tr>
</table>

<table>
<tr><td colspan="3">2. 学生写作</td></tr>
<tr><td>学生写作
（14 分钟）</td><td>【教师行为】
学生以小组方式共同完成语段写作，教师进行巡视。
【教师引导语】
时间是 10 分钟。
现在开始。（老师巡视）
还有 2 分钟。</td><td>教师在巡视中要注意发现学生的共同问题，也应该注意引导学生紧密围绕本课主题进行写作。</td></tr>
<tr><td colspan="3">3. 检查写作</td></tr>
<tr><td>语段写作的展示与点评
（14 分钟）</td><td>【教师行为】
给学生机会展示自己的写作，鼓励学生的创新；并适当点评，不伤害学生积极性。
【教师引导语】
时间到。
现在，请两组同学把他们的看法给大家介绍一下。每组可以有两位同学到前边来，把你们组的回答放到黑板上。（学生在黑板上贴本组的回答）
请这两组的代表说一下你们的看法。（两组学生依次展示他们的看法）
大家看一看，他们的回答有没有问题。（学生会指出别的同学的问题，教师可以即时修改。如果学生有未发现的问题，教师在适当提示后也可以根据学生水平指出问题，并现场评改）
谢谢。大家做得不错。</td><td>写作是语言表达方式之一。完成写作只是第一步，学生还可以通过展示发现自己的问题，并且互相纠正问题。当然，教师在点评时要注意引导学生互相评价，教师只是以合作者身份去提出建议，不要挫伤学生积极性。</td></tr>
<tr><td colspan="3">（五）技巧训练</td></tr>
<tr><th>教学内容</th><th>教学行为</th><th>教学说明</th></tr>
<tr><td colspan="3">1. 阅读环节</td></tr>
<tr><td>快速阅读
（5 分钟）</td><td>【教师行为】
让学生在未看到问题的情况下快速阅读教师特别准备的短文。
【教师引导语】
接着，我们要看一个短文。
请注意：看短文时，你看不到问题；回答问题时，你也看不到课文。
时间 4 分钟。现在开始。
还有 1 分钟。</td><td>以特别设计的方式完成快速阅读《小娟和巧克力》。学生要能快速理解阅读材料，还要能迅速抓住文中的关键信息；此外，要训练学生能自我组织并有效实现语言输出，重点培养学生读后记住所读内容的习惯。</td></tr>
</table>

	小娟很喜欢吃甜的东西，特别是巧克力。最近，她发现自己越来越胖了，已经有七十多公斤了。以前买的很多好看的衣服都不能穿了；她的男朋友也不来找她了，她着急得不得了。她决定要减肥，她打算一个月减 20 斤。 她的朋友给她出了一个主意，叫她少吃饭多运动，不要坐电梯，每天爬楼梯。她爬了一个月楼梯，结果没有减下来，还重了两斤。这是怎么回事？她去问朋友，她朋友问她，你每天吃什么？她说：“我每天都不吃饭，早上 10 块巧克力，中午 10 块巧克力，晚上 10 块巧克力，还有很多甜的食品。”她的朋友一听，马上说，这样吃当然会越吃越胖了。	
2. 检查环节		
提问练习环节 （9 分钟）	【教师行为】 通过提问检查学生阅读情况，并且引导学生有意识复述短文内容或者用自己的语言介绍短文内容。 【教师引导语】 时间到。 请大家一起来回答问题。（教师移除短文，并且通过 PPT 依次展示问题） 1. 短文主要告诉我们什么？ 第一个问题，请同学们只用一句话来回答。 2. 小娟最喜欢吃什么？ 那么，“甜的东西”对不对呢？（即使学生回答对了，也要进一步追加提问，以便确认学生真正读懂原文） 3. 小娟为什么要减肥？ 4. 小娟现在比过去胖吗？为什么？ 5. 你觉得，小娟朋友建议的减肥方法怎么样？	为培养学生在阅读时记忆短文内容，特别设计学生在回答问题时看不到原文的练习方式。具体实施方式是，教师指示每个问题，先由学生集体作答，再请某个学生回答，同时要复述短文内容；如果该学生未能很好回答，或者未能很好复述短文内容，可以让大家一起来补充。另外，视上课时间情况，对没有主动回答的同学可以指定来回答。

	请注意，小娟真的又胖了，为什么你说“小娟朋友的减肥方法很好”。（这是一个开放性的问题，视上课时间适当处理，还可以请同学说出别的减肥建议） 《小娟和巧克力》 1. 短文主要告诉我们什么？ 2. 小娟最喜欢吃什么？ 3. 小娟为什么要减肥？ 4. 小娟现在比过去胖吗？为什么？ 5.你觉得，小娟朋友的减肥方法怎么样？	
（六）本课总结、布置作业		
教学内容	**教学行为**	**教学说明**
总结本课主要内容，并布置作业（2 分钟）	【教师行为】 简要总结本课内容，并布置作业。 【教师引导语】 今天，我们不但了解到“鱼香肉丝”里其实没有鱼，而且也了解了“中国人为什么喜欢吃饺子”。 另外，我们还练习了怎么清楚地介绍自己的看法。 今天的作业是：每个小组的同学一起介绍了“中国人喜欢吃饺子的原因”，每位同学把你们组想到的原因写出来，下次上课时交给老师。 谢谢各位同学！	

十一 板书设计

以下为完成阅读部分时的板书设计；图中号码为板书顺序，应该在课文学习中，适时板书。

第四课

2 好吃 4 团圆 1 饺子　3 吉祥 5 形状　6 元宝 7 冬至	PPT

以下为完成写作部分时的板书设计；学生完成的写作内容将贴在黑板上。

第四课

2 好吃	我觉得，中国人特别喜欢吃饺子，主要是因为：
4 团圆	第一，……；
1 饺子　3 吉祥	第二，……；
5 形状　6 元宝	第三，……；
7 冬至	…… 最后，……。

十二　教学后记

1. 教学思路

（1）针对长期进修生的读和写教学，既涉及阅读教学又涉及写作教学，是尝试将阅读与写作相互结合的教学模式。本教案首先采用不同的阅读方式引导学生进行课文阅读教学，然后在学生充分理解阅读材料的基础上利用小组合作的方式展开语段写作教学。

本教案对课文一采用快速阅读方式处理，对课文二则采用注重全局性的通读，同时强调微观、局部的细读，并且对课本的练习方式也进行了重新整合，以适应整体教学的需要。更重要的是，学生通过通读和细读来了解课文二，既能具有很好的大局观，又能充分地掌握课文的细节性事实。这样就能为之后的语段写作打下较好的基础。

教师之所以敢于大胆地、科学地对课文的教学内容进行调整与补充，是因为已经充分认识到课型特征、学生特点等相关因素。事实上，课本只是给教师提供了上课的素材，而教师要深入认识教材并且敢于因地制宜地运用教材所提供的素材。

除此之外，由于学生是刚刚从《顺利篇》进入《进步篇》学习的，也就是说，学生从初级汉语的语法学习阶段刚转入语段学习阶段，还没有养成良好的阅读汉语的习惯，更不具有相关的汉语阅读意识；对此，任课教师在之前的授课中也逐渐展开了阅读技巧、阅读意识等的相关训练。与此同时，学生对本课的话题“中国菜、饺子”等也非常熟悉，比如《顺利篇》第四课课文二涉及“点菜”，第二十一课阅读涉及“春节”，《进步篇》第一课同样涉及“点菜”。因此，本教案采用的多种阅读方式学生是可以接受的。另外，这样还可以减少学生在完成阅读时的枯燥感。

（2）本教案采用小组合作方式展开语段写作教学。因为学生刚刚结束初级汉语的语法阶段的学习，已经打下一定的写作基础，也具有较为强烈的写作欲望，加之教师在教学中也融入了内容连贯、语句连接等语篇知识的相关介绍，因此，学生对本课的话题应该比较熟悉，也应该掌握了一定的写作素材，重点只是如何顺利实现语言输出。因此，小组合作方式恰好可以给学生一定的写作表达自由，并且学生在写作中还可以从同学那里获得一定的启发与帮助。

（3）阅读技巧的训练在阅读教学中是必不可少的。我们认为，阅读技巧训练是应该在适当地降低词汇、句法等难度基础上进行的，是学生在没有面对很大的阅读障碍下的“读”。我们在本次教学中采用的训练方式是，学生在未看到问题时进行快速阅读，并在看不到原文的情况下回答问题，这一设计是有意识地培养学生运用短时记忆来参与阅读的一种手段。

并且，阅读技巧的训练要注意“因材施教”。本教案根据本班学生的实际汉语水平和个人学习特点，补充了与“中华饮食”相关的快速阅读材料“小娟和巧克力”，旨在进行有针对性的阅读技巧训练。我们之所以如此，主要是培养学生形成很好的汉语阅读习惯，同时也训练学生掌握适当的阅读策略。

2. 教学后记

（1）在阅读教学中如何提升阅读效果检查的普遍性与有效性，这是阅读教学的核心主题。虽然从整体上看本班学生对课文的阅读与理解都比较好，但是，我们在教学中对学生的阅读效果的检查还有不充分之处，今后还要做更多探讨。

（2）学生课上小组活动的教学组织与临场应变是今后要着重钻研与演练的重要课题。本班学生在教学中都能积极参与语段写作，并且各组都主动要求展示本组的写作成果，教学基本上实现了学生有创造性地进行写作的目标。但是，如何强化小组活动的组织，尤其是做到气氛热烈而秩序井然，这还是今后要注意研究的。

3. 教学心得

（1）作为常年从事对外汉语教学的教师，教师的教学理念应该与时俱进，要努力争取做到常教常新，因为学生总在更替，自身总在提升，语言总在演变，社会也总在发展。以“读和写”的教学为例，这是一种新课型，有很多值得探讨的议题，比如“读”和“写”的比例、“写”的控制方式等。再者，对于“读”的认识，我们认同读写课中的“读”是学生获取信息的主要手段（张辉，2013个人交流），对于“写”的认识，我们也认同，读写课中的“写”是在学生自己的“读”以及学生背景知识等综合因素共同影响之下的“写”，是有引导的、有控制的“写”，是有创造性的“写”（张辉，2013）。

（2）为了提升教学质量、加强教师交流，个人以为，集体备课是很值得保持的，可以互通有无，可以取长补短，更可以集合众人智慧。

附录

一 课文一《鱼香肉丝的故事》

只要在中国待上一段时间，外国人就肯定吃过味道比较辣的菜，因为川菜在中国很流行，几乎每个城市都有川菜馆。川菜中有几个很有名的菜，比如宫保鸡丁、鱼香肉丝等。大家都知道，鱼香肉丝中的“肉丝”是猪肉丝，而不是鱼肉，“鱼香肉丝”里其实没有鱼，那为什么菜名里还有“鱼”呢？看看下面的故事，你就明白了。

很久以前，四川有一家人很喜欢吃鱼，在做鱼的时候要放一些葱、姜、蒜、酒、醋、酱油等调料。有一次，妻子一个人在家，炒肉丝时，她想起上次做鱼时还有很多调料没有用完。为了不浪费，她就把这些调料都放进来和肉丝一起炒，她想这道菜可能不会很好吃。男主人回家后，她很担心丈夫会因为菜不好吃而不高兴，可是，男主人吃了以后马上很高兴地问妻子这道菜是怎么做出来的。女主人告诉他，自己是用做鱼的调料来炒肉丝，没想到竟然这么好吃。后来，人们就把这个菜叫作“鱼香肉丝”了。

二 课文二《饺子》

中国人爱吃饺子，除了好吃以外，更重要的是因为，在中国人看来，饺子还是一种吉祥的食品。

饺子的皮儿是圆的，中国人都希望团圆。过年的时候，一家人坐在一起，边包饺子边聊天儿，热热闹闹地一起吃饺子，这样全家人就可以永远在一起，不分开。而且，饺子的形状和元宝很像，吃了饺子，在新的一年里，人们就能挣更多的钱，过上更好的日子。

中国北方人在冬至那天一般都要吃饺子，所以，这一天，超市和饭店的饺子卖得最好。冬至过后，一年中最冷的日子就要到了。老人们常说，冬至这一天不吃饺子，就会冻坏耳朵。这是为什么呢？

很久以前，有个有名的张医生，一年冬天，他看到很多穷人因为天气太冷，把耳朵都冻坏了。于是，他想了一个办法。他做了一锅汤，把羊肉、辣椒和一些可以让身体暖和的药放在锅里煮，熟了以后捞出来，用面皮包成耳朵的样子，再放到锅里用原来的汤煮熟。面皮包好后，形状很像耳朵，又因为它是为了不让耳朵冻坏，所以张医生把它叫作“娇耳（jiāo'ěr）”。张医生给每个穷人一碗汤，两个“娇耳”，人们吃了“娇耳”，喝了汤，全身都很暖和。

张医生是在冬至这天去世的，又是在冬至这天给穷人们喝“娇耳”汤的，从那以后，人们在冬至这天都要吃饺子。

三 快速阅读短文《小娟和巧克力》

小娟很喜欢吃甜的东西，特别是巧克力。最近，她发现自己越来越胖了，已经有七十多公斤了。以前买的很多好看的衣服都不能穿了，她的男朋友也不来找她了，她着急得不得了。她决定要减肥，她打算一个月减20斤。

她的朋友给她出了一个主意，叫她少吃饭多运动，不要坐电梯，每天爬楼梯。她爬了一个月楼梯，结果没有减下来，还重了两斤。这是怎么回事？她去问朋友，她朋友问她：“你每天吃什么？”她说：“我每天都不吃饭，早上10块巧克力，中午10块巧克力，晚上10块巧克力，还有很多甜的食品。”她的朋友一听，马上说，这样吃当然会越吃越胖了。

教师简介

宋刚，男，1970年10月，副教授，博士学位。1993年8月留校工作，从事对外汉语教学与管理工作，研究方向为汉语早期习得、汉语作为第二语言习得（尤其是词汇习得），主要教授初级汉语综合课、读写课等基础课程，普通话课程，以及报刊阅读等选修课。主要代表性成果包括：专著《普通话儿童早期动词习得》等，论文《普通话动词重叠形式早期习得的过程与机制》《普通话儿童早期句法习得的标记性解读》等。

教案点评

翟　艳

（北京语言大学预科教育学院，教授）

这次观摩课，唯一的一门读与写结合的课程是宋刚老师的“初级汉语读写课”。听前，我们有很多期待，听后，也受到很多启发。之后细细研读宋刚老师的教案，强化了我们对一些问题的认识。综合来看，该课程及教案设计有如下突出优点：

1. 较好地体现了读写结合的教学理念

读与写是语言学习中两个重要的技能，读是输入，写为输出，没有阅读和写作，只会听说，很难将汉语提升到一个融会贯通的高度。阅读与写作的关系可看作：“读”为“写”提供素材、观点、论据，为“写”提供语言准备和写作框架，“写”是“读”后的语言输出，是语言运用的结果和情感表达的手段。读写结合不但符合语言认知规律、语言学习规律，也契合当今培养语言综合能力的要求。所以，我们主张读和写要结合起来进行。

宋刚老师的课程，深刻领会了这个思想，并且融会贯通地应用在课程设计、环节安排、内容的选择和方法的运用上。前一部分的阅读，用到了快速阅读、通读、细读等方式，训练了学生对汉语字、词、句的理解能力，对段落、篇章大意的概括能力，教授了一些必要的阅读技巧，如根据偏旁部首猜测字义、词义：“‘饮’是（停顿）喝，‘食’是（停顿）吃；‘饮食’就是——”，还有从课文中寻找问题的答案等，达到了语言认知和文化理解的目的。后一部分的写作，延续了阅读中的话题内容，扩展到对学生观点的探究，通过小组讨论、共同写作的合作学习方式，实现了语言表达与思想表达的统一。“读”与“写”在内容上有连续性，在方法上既各有侧重又相互配合，理念新，立意高，自然容易做到推陈出新。

2. 以读带写、以读促写，读写衔接流畅、过渡自然

吕必松先生曾说：“书面表达至少需要两个条件，一是想写，二是会写。想写就是有内容可写，这需要一定的思想水平和生活经验；会写就是知道怎么写，这需要一定的文字能力。”从写作愿望的萌发到文章的成形，都要有一个审题、立意、构思的思维过程，也就是深层次的语义构造过程，这是“想写”；而命题概念的形成，文字能力的培养，阅读文本起到了较大的作用，这是“会写”。写作的命题主要来源于课文二《饺子》，文章介绍了饺子的形状，饺子的寓意和中国人冬至吃饺子习俗的由来，为写作“中国人为什么爱吃饺子”留下了伏笔。教案在此处的设计非常巧妙：“我们已经了解了‘中国人喜欢吃饺子’。接着，我们做一个‘写’的练习。请大家想一想中国人喜欢吃饺子的原因，除了课本介绍的原因以外，大家也可以按照自己对中国的了解，写出你发现的别的原因。”这一段教师语言，很自然的将学生从阅读理解的状态，带到写作表达的状态，学生的思维转化没有出现任何障碍，并且有了跃跃欲试的写作愿望，教学环节转换自然，衔接流畅。

3. 了解初级阶段学生的语言能力，因势利导开展阅读能力的训练

零水平起点的学生，在语音阶段，教师主要是训练学生根据拼音能识字、辨字、认读字词的能力。随着学习的进展，学生水平的提高，可以侧重训练学生对汉语的字义、词义、句义的理解能力。在学生的词汇量达到一定数量后，才可以进行真正意义上的阅读能力训练。宋刚老师的课是初级水平的，学生刚刚进入专门的阅读训练阶段，可以说对汉语阅读仍然存有“畏惧”之心。宋老师一方面通过快速阅读、通读、细读等不同方式，培养学生通过阅读获取信息的能力与意识，另一方面通过口头回答、个别回答等不同方式检查学生的阅读与理解情况。比较独特的做法是，针对学生回答问题时难以脱离课本的现象，强调了“不看书回答问题”的做法，强迫学生在阅读时注意强化短时记忆，然后从记忆中快速准确提取信息。这种独到的做法既照顾到学生的语言水平，又没放松阅读要求，令人耳目一新。此阶段的阅读“应该在适当地降低词汇、句法等难度基础上进行”，教学中也不乏这样的真知灼见。诚然，教学不能在大面上做得光鲜好看，而要多一些细微处的用心、小处的踏踏实实的训练，这样才是真正对学生好。

4. 合作式的学习方式，有助于激发学生学习的热情、发展学生的语言能力

宋刚老师的写作，不是沿用传统的命题作文方式，而是采用了过程写作的一些理念和步骤来进行。小组讨论、共同构建写作的内容，学生间的交流已起到互帮互学的作用；展示写作成果阶段，学生的互评与纠错行为进一步得到施展和强化，学生的自主学习的信心与能力随之得到充分的肯定。合作式的教学方式在综合课等课程中有充分体现，在写作课中依然得到教师的重视，难能可贵，值得肯定和提倡。

之所以敢于放手让学生去做，源于宋刚老师对学生情况熟稔于心，对学生具有的能力有实在的把握，也源于第一部分阅读训练的扎实有效，借助业已建立的学生语篇表达能力，学生完成框架比较清晰的语段写作不是难事：“一则话题熟悉，二则有课文阅读作为铺垫；并且，这是一次开放性的课上写作活动，给了学生一定的发挥空间，可以将自己对中国文化的了解和理解都表现出来。因此，学生一定有很多材料可以写。”这样的教学自信需要假以时日才能形成，宋刚老师多年的教学经历能够支撑他完成这样的任务。

不过本课也不是没有遗憾。在听课和研读教案过程中，感觉阅读练习的形式还不够丰富，特别是对细读课文的语言，挖掘还不够，启发学生通过阅读学习语言的教法还有待提升。写作上，“第一、第二……最后”这样的叙述框架有益，但略显简单，而且这个框架并非来自阅读课文，感觉“读”为“写”提供素材、观点、论据做到了，为“写”提供语言准备和写作框架没有做到，算是美中不足吧。

瑕不掩瑜，我们仍然得到了一次“教与学美”的体验。

对外汉语读写课 · 优秀教案集

汉语写作课

教案 8

介绍一个熟悉的城市或乡村

任课教师：高　典

一　课型

中级汉语写作

二　教材

《汉语写作教程》第 8 课

（赵建华、祝秉耀编著，北京语言大学出版社，2003 年第 1 版）

三　教学对象

北京语言大学汉语学院二年级上学期留学生，共 18 人，来自韩国、朝鲜、日本、伊拉克、德国、沙特阿拉伯、津巴布韦等国家。

四　教学内容

1. 复习时间词语、处所词语。
2. 范文两篇讲解与练习（连接词语、书面语句式、文章结构模式）。
3. 口头作文。

五　教学目标

1. 熟悉“处所词语”和“时间词语”在写作中的连接作用，并能熟练运用。
2. 理解例文的书面语体特点，并学会运用相关句式。
3. 掌握该类文章的常用结构，并尝试运用。

4. 熟悉该类文章的写作内容，并能运用所学结构，当堂形成口头作文或书面作文。（也鼓励学生尝试新的结构方法，写出自己的风格）

六 教学重点和难点

1. 正确使用处所词语、时间词语，理解其在写作中的连接作用。
2. 书面词语、句式的运用。
3. 文章的结构方法（总说与分述），段落衔接方式。
4. 突出“地方”的特色，突出中心句（总说），分述层次清晰，详略得当。

七 教学方法

1. 以任务型教学法为原则，强调从写的角度阅读，即了解文章如何连句成段、组段成篇，明了总说与分述的关系，训练学生汉语思维；给定任务，让学生用不同形式的汉语书面语表达。
2. 通过具有明确针对性的任务，激发学生运用两类连接词、重点句式、中心句、文章的典型结构形成口头作文或书面作文。

八 教学时间

全课共6学时，分三讲。每讲两课时，约100分钟。本教案仅针对前两课时。

九 教具

多媒体类：PPT、本校导航图。

实物类：一根细线、凹凸版中国地形图。

十 教学步骤

第一讲

（第一、二课时，100分钟）

一、复习和导入:（约8分钟）

复习时间词语和处所词语:（涵盖范文中出现的两类连接词语）

1. 常用时间连接词语（展示 PPT）：注意时间表达时“从大到小”（年月日）的规则。

- 具体时间：2013 年 5 月 2 号星期一　上午八点　昨天　今天
- ～前：上课前　几年前　不久前　两千多年前
- ～时 /（的）时候：古时候　那时候　开始的时候　唐朝时　当时　大约 15 世纪时
- 从……到……：从古代到现代　从古至今　从三点到五点　从那时候一直到现在
- 从……起：从我到中国的第一天起　从我记事时起　从我认识他那天起
- 每到……：每到冬天　每到周末　每到下雪的时候
- ～以来 / 以后：自古以来　入夏以来　从此以后　此后
- 直到……：直到今天……　直到我毕业……　直到分手的那一天

2. 常用处所连接词语（展示 PPT）：

- 学校四周　五道口一带　天地之间　周围　附近　这里　那儿
- 东北边　东南边　西北边　韩国西南部
- 中国　美国　北京　首尔
- 桥下　河边　马路两旁　山上　天上

检查作业：

3. 利用电脑上的本校导航图，请学生介绍北京语言大学，注意使用处所词语和时间词语。

根据学生练习情况，总结：

（1）地名、国名后不加“里”：他在中国留学；他在上海工作。

（2）单位机构兼职处所词语时，“里”等方位词可加可不加：他在学校工作；他在学校里读书呢。

（3）一般名词要加上方位词或代词才能表示处所：从汽车里出来，到老师这儿来。

二、学习范文，并用相应的连接词语、句式、结构进行口头训练：（约46分钟）

范文一《小小的灵光村》

1. 第一段：

学生读，教师提问、启发。

第一段讲的是什么？答案：位置

语言（长短句）练习：

我的家乡是位于韩国西南部的一个叫灵光的小小的乡村。

改写成短句：

我的家乡是一个小小的乡村，叫灵光，位于韩国西南部。

我的家乡——灵光，位于韩国西南部，是一个小小的乡村。

请学生用以上任一句式说说自己的家乡。

2. 第二段

本段中心句是什么？后面分别讲了什么？

答案：

灵光地方不大，可是名声不小。自古以来，它就以“三白”远近闻名。

讲风物：两种白色产品（米、盐），一种白色景观（雪）。

提示总结：写风物的同时，还写到了什么？

答案：地理环境、气候、风光，即“三白”的原因，使内容更加丰满、生动。

本段哪句话是总说，提示词是什么？

答案：总：所谓“三白”，就是……；分：第一……第二……第三……

语言：

请学生找该段的处所短语：灵光四周　靠海　灵光一带　天地之间

请找时间短语：自古以来、每到冬天

（书面语）句式（拓展）练习：

　　自古以来，它就以“……”远近闻名。

　　从古至今，它都因“……”而闻名世界。

　　从过去到现在，它都因“……”而出名。

与同桌口头表达：加上位置，用该句式总说自己的家乡。

3. 第三段

这一段写了什么？连接词是什么？

答案：另一种特产——干黄鱼

语言：段落连接词：除了……还……，（那）就是……

时间连接词：大约 15 世纪的时候，此后，直到今天。

4. 第四段

这一段写了什么？为什么写这个？

答案：原子能发电站、老虎；重要、闻名

5. 总结：

从文章的长短看哪一段重要？答案：第二段和第三段，主要写物产。

提示：重要的详写；次要的略写。详略分明。

文章结构（PPT）：

我的家乡是位于……的一个叫……的乡村。

……地方不大，可是名声不小。自古以来，它就以“……”远近闻名。第一是……第二是……第三是……

除了“……”，……还有……，（那）就是……。

此外，……还有……

（请学生大致按这个结构说说自己的家乡）

范文二《波恩》

该篇以学生自学为主，分组讨论相关问题。共分 4 组，每组重点回答所读段落的问题。

1. 第一组重点回答第一段问题：

这一段写了什么？（位置　历史变迁）

怎么写的（连接词是什么）？（按城市变迁的时间顺序写的。）

时间连接词语：在两千多年前　最早　后来

地点连接词语：那里

关联词语：只是　但是　所以

提醒注意：位置的又一种表达方法——处所短语做定语，中心词在后。

位于……的波恩，是……（练习一下）

2. 第二组重点回答第二段问题：

本段哪句话是“总说”？（波恩小，但很重要）

从哪几方面写的？（重要：边城、主教住地、文化中心、有名人物、首都）

怎么写的（时间连接词是什么）？（以时间为序，写它在不同时代的重要性）；罗马帝国的时候、19 世纪、当时、很早、曾、第二次世界大战以后、当时。

提示：关联词语连接、代词连接，但不重点讲。

3. 第三组重点回答第三段问题：

这一段写了什么？（知名大学及学生的活动。照应前面——“城小”，所以学生去郊野活动）

段落连接词语有什么？（除了……以外，还有……那就是……而且……）

处所连接词语：市区、在郊野、在优美的环境中、在莱茵河畔

4. 第四组重点回答第四段问题：

这一段写了什么？（从另一个角度写波恩很“小”，但别有韵味）

语言有什么特点？（对称、对比句、排比句）

提示：对称、排比是汉语常用的一种表达方法。从内容来说，可以从不同角度延展；从形式来说，整齐漂亮，容易给人留下深刻印象。鼓励学生多多使用。

5. 提问总结：两篇范文内容方面的异同？语言（连接词）、写法的特点？

内容方面：

与范文一同中有异，同：位置、重要。不同：没写景物，写它“小”，但因历史、大学、名人而重要；因自然风光而让人流连。

结构：

与例文一差不多：先详后略，从最重要的写起……，至“除了……还……”，至最后的总结。

文章结构（PPT）：

位于……的波恩，在两千多年前……最早……后来……

“小”好像是波恩最突出的特点。不过，“小”不是说不重要。罗马帝国时候……19 世纪……当时……很早……第二次世界大战以后……

除了小以外……，波恩还有……特点，那就是……

谁喜欢……，喜欢……，喜欢……，谁就不喜欢波恩；谁喜欢……，喜欢……，谁就一定会喜欢波恩。

三、练习，进一步熟悉排比句、连接词、处所词的用法。（约44分钟）

练习一

用处所词语和时间词语填空：（下边　山顶　日本坪山顶　晚上　白天）

日本坪是一座小山，因为（　）很平坦，所以叫日本坪。站在（　），能看见日本坪的全貌：南边有大海，东边和北边有高山，（　）有很多像一颗颗豆子大小的房子。（　）看这些房子不好看，（　）看很美，所以很多人去那里看夜景。

答案：山顶、日本坪山顶、下边、白天、晚上

进一步利用教具（一根线）总结：两类关联词语像是串珠子的线，如果线断了，珠子就散了。

练习二

修改病句：

1. 我的家乡在法国的东南，叫里昂。（　）不是我出生的城市，我也没有一直住在那里，但是这个城市慢慢地变成了我的家乡。（　）是我上小学，中学，高中学和大学的地方。（　）是我得到驾驶执照的地方。（　）是我找到我最好的朋友的地方。最重要的是，里昂是我父母居住的地方，也是全家人聚会的地方。
2. 村子的南方是不高的山，山有很多树，这儿也有各种各样的鸟。
3. 在首尔里，一共有四个地方：江东、江西、江南、江北。

答案：

1. 我的家乡在法国的东南，叫里昂。（那儿）不是我出生的城市，我也没有一直住在那里，但是这个城市慢慢地变成了我的家乡。（因为那里）是我上小学、中学、高中学和大学的地方，（省略连接，同一个话题链）是我得到驾驶执照的地方，（省略连接，同一个话题链）是我找到我最好的朋友的地方。最重要的是，（那里）是我父母居住的地方，也是全家人聚会的地方。

2. 村子的（南部）是不高的山，山（上）有很多树，（省略连接）也有各种各样的鸟。
3. 在首尔（地名，不加“里”），一共有四个地方：江东、江西、江南、江北。

练习三

学习、练习一种新的结构方式。（完不成的话，课下做）

用“旧瓶装新酒”法，练习排比表达。“文无定法”，以下也是一种结构法。

（练习前，PPT 展示常用词语及北京的风物图片；凹凸版中国地形图展示北京的方位及周围地貌）

常用词语：

名胜古迹：天坛　长城　圆明园　颐和园

运动爱好：打太极拳　舞太极扇　抖空竹　跳老年舞　划船　滑冰　滑雪

美味的食品：风味小吃　糖葫芦　烤羊肉串　烤鸭　糖炒栗子

漂亮的四季：风景如画　春暖花开　温暖　蓝蓝的天空　五颜六色　炎热　干燥　秋高气爽　黄叶纷飞　寒冷　大雪纷飞　白茫茫

著名的大学：一流　闻名中外　北大　清华　北师大

美丽的古城

在中国，有这样一个美丽的地方，它西北面是高山，东南面是平原。

在这里，有风景如画的四季……

在这里，有闻名中外的名胜古迹……

在这里，有中国一流的大学……

在这里，有各种各样美味的小吃……

在这里，有令人怀念的……

这就是美丽的古城——北京。

四、作业:（约 2 分钟）

1. 自学范文三，找出处所、时间连接词，思考其连接作用。对比范文一、二，看写作内容有何异同。

2. 课后练习一：连接词语填空。

3. 请参照班级公共邮箱中的常用词语，把课上“练习三”写成不低于 500 字的小作文，发给老师。

五、下次课写作训练

用两课时的时间，写一个自己熟悉的城市或乡村。

参考题目

1. 我的故乡——AA
2. 我的故乡
3. 小城 AA
4. 山城 AA
5. AA（城市或乡村名字）

写作要求：

1. 假设有人给你写了一封信，请你介绍自己的家乡或某个地方，请你写信回复，注意运用上次课学过的书信格式，注意话题的自然过渡。
2. 内容可以考虑：位置、特产、文化、环境与风光、历史变化、经济发展、生活变化等，突出重点，注意详略，不能面面俱到。
3. 注意运用时间词语、处所词语连接语句。字数在 600 字以上。

十一 教学后记

本次课基本上圆满地完成了既定教学任务，但也有以下两个方面的不足：一、为了体现教学的真实性，教师没有提前告诉学生本次观摩课，学生没怎么准备；加之本人第一次讲这种课，不那么得心应手，因而课堂互动不是很理想。二、对于本班学生的程度而言，教学内容略多，有的环节练习不够充分。

附录

介绍一个地方常用词语

位置：

位于　在　背山面海　东北部　西南部　……有……　靠近……

……是……西北部是……东南部是……

活动：

打太极拳　舞太极扇　抖空竹　跳舞　跳街舞　爬山　划船　滑雪　滑冰

气候季节：

温暖　湿润　春暖花开　柳絮飘飞　蓝蓝的天空　五颜六色　百花齐放　风和日丽　风沙满天　炎热　干燥　秋高气爽　黄叶纷飞　色彩斑斓　大雪纷飞　寒冷　白茫茫

风物：

名胜古迹　圆明园　颐和园　长城　天安门广场　旅游城市　风景区　乡间的小路　田野　景色　风景秀丽　小吃　烤鸭　糖葫芦　烤串　四合院　胡同

历史：

古都　古老而年轻的城市　历史悠久　以前　现在　古代　现代　唐代的时候　很久以前　19 世纪　300 年前

地理环境：

盆地　大海　半岛　高山　平原　草原　沙漠　森林

经济生活：

王府井　西单　闹市　商品一条街　秀水街　繁荣　发达　发展迅速　热闹　富裕　商品丰富　逛街

范文一　小小的灵光村

我的家乡是位于韩国西南部的一个叫灵光的小小的乡村。

灵光地方不大，可是名声不小。自古以来，它就以“三白”远近闻名。所谓“三白”，就是两种白色的产品，一种白色的景观。第一是大米。灵光四周都是平原，适于种植水稻，是全国著名的优质稻米产地。第二是盐。灵光靠海，而且日照量非常丰富，对生产食盐具有非常有利的条件，是全国主要的海盐产地之一。第三是雪。每到冬天，灵光一带大雪纷飞，天地之间一片纯白，这天然的白色景观令人赞叹。

除了“三白”，灵光还有一种特产，就是干黄鱼。大约 15 世纪的时候，灵光人就把当地出产的干黄鱼奉献给国王。此后，干黄鱼就成了宫廷御膳中不可缺少的食品了。直到今天，大部分人家祭祀祖先时还以干黄鱼为祭品。

此外，灵光附近还建有原子能发电站。60 年代末，韩国最后一只老虎也是在那里被捕杀的。

范文二　波恩

位于莱茵河畔的波恩，在两千多年前是罗马帝国的边城。最早，那里只是罗马军营，但是哪儿有军队，哪儿就有商人，所以后来就慢慢地变成了一个小城。

“小”好像是波恩最突出的特点。不过，“小”不是说不重要。罗马帝国的时候重要，因为它是边城；19 世纪，它是大主教的住地，当时也是文化中心，很早就设立了大学。波恩大学最有名的学生该是马克思，尽管他在那儿学习的时间还不到一年。波恩“最有名的孩子”当数贝多芬了。许多人不知道波恩，却听过贝多芬的音乐。波恩曾是联邦德国的首都。第二次世界大战以后，虽然原来的首都不可能作首都，但人们都希望在不久的将来两个德国能重新统一。当时政治家们之所以选择波恩做首都，就是因为它既小又不繁华，完全不像个首都的样子。这样，人们就会把它看作是临时的首都。

除了“小”以外，波恩还有另一个特点，那就是大学有名，而且学生很多。波恩大学仅次于慕尼黑大学。不少学生认为在波恩无聊，没有什么意思，不过也有好处：因为城小，用不了多少时间就能走出市区。在郊野，人们可以在优美的环境中散步，可以坐在莱茵河畔，看着过往的船只聊天儿。

谁喜欢看戏，喜欢参观博物馆，喜欢白天夜里都热闹，谁就不喜欢波恩；谁喜欢大自然，喜欢恬静的生活，谁就一定会喜欢波恩。

教师简介

高典，女，1970 年 10 月出生，讲师职称，文学硕士学位，研究方向为现代汉语修辞。1995 年 7 月参加工作；主要从事对外汉语阅读教学工作，已发表成果有论文《思维模式对两种报刊文章的影响》。

教案点评

杨惠元

（北京语言大学，教授）

该教案是一份典型的"详细教案"，其特点是：

1. 项目齐全

高典老师的这份教案包含11个大的项目，还有一个附录。

阅读此教案的11个项目使读者对该课教学有一个完整清晰的了解，帮助读者思考任课教师做了什么，为什么这样做，既知其然又知其所以然，从中受益。

11个项目有详有略，详略得当。"教学步骤"是展示教师在课上"做什么"和"怎么做"的项目，是教学行为体现教学意识的项目，因此写得非常详细。高典老师虽然不是刚参加工作的新教师，可是她仍然把在课上要说的、要做的都写在了教案上，包括练习的内容和问什么问题以及答案。可见她为上好课所付出的艰辛，这种敬业精神值得学习。

为了方便读者，高典老师还设计了一个附录，包括给学生的常用词语和两个范文。

2. 课型特点突出

这次观摩教学是"中级汉语写作课"，本教案既体现了写作课的特点，也体现了中级的特点。

先说"中级"，高典老师的学生是来自韩国、朝鲜、日本、伊拉克、德国、沙特阿拉伯、津巴布韦等国家18个二年级上学期的留学生。这些学生已经学了一年多汉语，基本语法都已经学过，教师对他们不需要"手把手"地教，更多地是采取启发式教学。教师提问，引起他们的回忆和思考，激活储存在大脑记忆库中的语言信息，从而完成教师给定的各种任务。纵观整个教案，学生在教师的控制下活动，这些控制恰到好处，既不同于初级班也不同于高级班。只有对学生的情况了如指掌，设计的教案才能符合实际，具有可操作性；只有对学生的情况了如指掌，设计的练习难易度才能恰到好处，使学生喜欢做，并且能够做。

再说说，我对写作课的认识：

1. 学生写作是用笔头表达思想，属于输出的范畴，但是，要输出必须先输入。只有学生的大脑中储存大量汉语的词语和表达方式，才能正确地输出。按照规律，输入要先于输出，输入要大于输出。高典老师的课体现了这一点。从复习开始就给学生输入大量表示时间和处所的词语，到学习范文，都是给学生输入大量的词语、表达方式和交际的模式，便于学生模仿。

2. 口头表达和笔头表达的关系是，口头表达是第一性的，笔头表达是第二性的。要提高学生笔头表达的能力，先要提高口头表达能力。高典老师的写作课也体现了这一点。在课上给学生的主要任务是说——口头作文，这样既可以活跃课堂气氛，还可以使学生互相启发，体现师生互动、生生互动的教学理念。

3. 写作课必须课上和课下相结合。课堂教学的时间有限，光靠课上学生不可能提高写作能力。课上教师给学生输入表达所需要的材料和交际的模式，学生课下先要消化课上的“输入”，把老师“所教”变成自己“所学”，然后把自己“所学”应用到写作实践中去，使课下活动成为课堂教学的延伸，学生的写作主要是在课下。课下学生有充裕的时间思考，便于他们写出高水平的作文。为此，教师的指导非常重要。高典老师给学生作业很具体，提出的要求很明确，这是值得提倡的。

4. 写作课是语言技能课，任何技能的获得都必须经过大量的实践活动。因此练习必须充分。从高典老师的教案可以看出，她的教学目标非常明确，教学重点、难点的练习非常充分。她自始至终紧紧抓住给学生输入“处所词语”和“时间词语”及其在写作中如何起连接作用，反复练习达到熟练运用。教学跟打仗有共同之处，“伤其十指不如断其一指”。要想让学生掌握什么，就必须充分地练习什么。学生在教师的指导下积极活动，有读有说，读词语、说词语，读句子、说句子，读语段、说语段，进行口头作文。

除了文字版的教案，高典还制作了精美的PPT。里面有很多图片和照片。给学生直观的印象，帮助和启发学生思考，对训练学生用汉语思维的能力起到辅助作用。

最后提两点建议。

高典在教学后记中写道：一个是学生没怎么准备，课堂互动不太理想；一个是教学内容略多，有的环节练习不够充分。

我给她的建议是：

1. 加强布置作业的环节。学生在课前准备得越充分，课上的活动越顺利。而学生课前准备是否充分跟教师布置作业时的指导直接相关。"学生没怎么准备"可能是上节课布置作业有欠缺，指导得不够具体。教师的指导越具体越好，要使学生知道为什么做、做什么和怎么做。让学生知道"为什么做"的目的是激发学生的学习积极性，使他们愿意做、喜欢做。这一点非常重要，兴趣是最好的老师。这是完成作业的基础和前提。让学生知道"做什么"和"怎么做"的目的是减轻作业的难度，使学生能够顺利完成，以达到练习的目的。布置作业要注意两点：使学生喜欢做、能够做。

2. 教学内容多跟练习不充分没有直接关系。准备的练习内容多是好事，关键是教师心中要有数，哪些内容重要应该多练习，哪些内容不太重要可以少练，不能平均使用力量。有的内容还可以备用，课上不一定练习。我的体会是，不管新教师还是老教师，都要重视提高课堂应变能力。为此，教案中的时间安排，可以更细。不但大的教学环节有时间安排，小的教学环节也应该有时间安排。这样可以帮助教师根据课堂上的实际情况灵活处理。比如设计教案时，哪个练习安排的时间多，练习就要充分，安排时间最少的练习可以甩掉。另外，因为教案是给自己看的，最好不用时段（46分钟），改用时点，如：8:00～8:10。

以上所写，个人管见，仅供参考。

教案 9

记叙文写作：看图作文

任课教师：黄柏林

一 课型

高级应用写作

二 使用教材

自编教材《高级应用写作》第 9 课记叙文写作：看图作文

三 教学对象

北京语言大学汉语速成学院速成系 E 班学生（学生都是成年人，在本国都受过高中或以上的正规教育，母语写作基本上都接触过，但是用汉语写作还比较陌生。）

（印尼：6 人；韩国：5 人；中国：1 人；日本：1 人；法国：1 人；意大利：1 人）（共 6 国 15 人）

四 教学目标

1. 围绕记叙文的写作特点进行看图作文。理解材料内容、讨论写作思路、写出符合要求的文章。通过本课教学，使学生掌握汉语记叙文的写作特点。
2. 通过课堂上的互评、教师点评，了解记叙文写作中的常见语病，修辞和篇章结构问题，逐步减少写作中的类似偏误。

五 教学内容

1. 复习记叙文的基础知识；用看图作文的形式练习记叙文写作。
2. 分析学生习作《翻车》(看图作文)。
3. 课堂操练《小别重逢》。

六 教学重点和难点

1. 教学重点

汉语记叙文写法：看图作文——有控制的、话题明确的记叙文写法。

2. 教学难点：

汉语记叙文六要素（时间、地点、人物、起因、过程、结果）之间有机的衔接手段的掌握；描写性词语、句子的运用。(通过分析范文、学生所写作文来体现这些难点。)

本课练习中，重点训练“按照时间先后顺序”写记叙文。

七 教学方法

1. 尝试“过程法”教学：先给题目，然后小组讨论、集体修改，最后成文。
2. 给范文，学生模仿写作。

八 教具

1. 多媒体设备
2. PPT
3. 板书

九 教学时间

本课共 3 个课时，分两次完成。本课为第 2、3 课时。

十 第一课时内容简介

【课程说明】

本课的教学内容分三课时完成。(本教案主体展示的是第二、三课时的内容。)

第一课时是“预热”性质。先给学生一篇“看图作文”的材料，做一些简单的说明，让学生写一篇记叙文，为后两节课做铺垫。

第一课时内容

练习内容是看图写记叙文《翻车》。

1. 用 PPT 展示练习材料——四幅连环画《翻车》。讲练生词。

2. 观察连环画《翻车》并做练习。

①搭车

②卸煤

③糟了！

④把车坐翻了

可能用到的词语：

（1）搭车 dā chē

（2）运煤 yùn méi

（3）危险 wēixiǎn

（4）恳求 kěnqiú

（5）自动 zìdòng

（6）卸煤 xiè méi

（7）开关 kāiguān

（8）抢救 qǎngjiù

（9）爬 pá

（10）抱歉 bàoqiàn

思考题：

（1）卡车上装的是什么东西？谁在和卡车司机说话？他想干什么？

（2）卡车停在了什么地方？卡车货箱为什么掀了起来？

（3）司机为什么这么着急？出了什么事？

（4）这是一个很可笑的结尾。想想看，可以怎么写？

3. 写作过程：

（1）把学生分成四个小组。每个小组讨论一幅图片。

各组通过讨论，写出本组分配的图的主题句，说出内容，并由一个同学执笔，把讨论的内容写出来。

（2）每组同学派代表上台展示讨论的内容。

（3）结合各组的展示，要求学生把四幅图片的内容连缀成完整的故事（每篇约 400 字）。当堂交。

4. 批改点评。

教师课后在学生作文原稿上评改；扫描学生作文，扫描件作为下次课的练习材料。

十一 第二、三课时教案教学步骤和时间分配

一、组织教学、导入。（5 分钟）

1. 点名。

2. 发下上次课课后学生完成的看图作文《翻车》。

二、《翻车》学生互评。（10 分钟）

1. 学生课堂上分组互评（3 分钟）。

将学生分为两人一组，互评上次作文《翻车》。（15 人共分 7 组，其中有一组 3 人）

教师巡回走动，检查学生互评的情况，可适当参与，解答学生的疑问。

2. 学生上讲台点评。（7 分钟）（点一名同学）

为了抽查学生互评的情况，请一名学生上讲台点评。教师鼓励其他同学就点

评发表自己的意见。

用多媒体插入作文扫描版，被点名同学点评刚才课堂上所评的作文。这篇作文是前面互评环节中，被这名同学所点评的作文。

学生点评之后，教师进一步就这篇扫描版的文章进行点评。

翻车

有一天，一个行人向运煤车的司机要求搭车。因为司机觉得坐煤上很危险，他犹豫是否让行人搭车。可是环顾周围，连一辆汽车也看不到，并且就要天黑了。那个陌生人恳求帮助，司机不得已接受了行人的要求。

在路上，那个行人在煤上不知不觉地睡着了。由于他们俩坐不同的地方，两个人没聊天儿，所以司机完全忘记了后面有一个人坐着。几个小时后，运煤车到了目的地一个工厂。为了卸煤，他按下开关，自动装置启动了，他突然听到了凄厉的喊叫声。

司机急忙下车，看了一下，发现把那个陌生人"活埋"了。他一时惊慌失措，马上就看到那个人从煤中慢慢地爬了出来。司机急忙起来抢救他。

司机不好意思地说："没问题吗？"行人回答："没事没事！"出乎意料，行人又说："我把你的车坐翻了，真对不起！"司机困惑，行人又说："可能是因为我翻了很多次身，对不起！"

华鑫纸品　　20×20=400 第　　页

（三）教师点评。（25 分钟）

1. 内容点评：点评一篇（前面学生已经点评的那篇扫描版作文）或几篇作文。

可以就前边上讲台同学点评过的作文继续进行点评，点评内容包括：故事是否清楚、完整、有趣。

（具体过程略。）

2. 结构点评：点评一篇。

可以就前边上讲台同学点评过的作文继续进行点评。点评内容包括：叙述是否按图片的时间顺序进行，是否符合记叙文的几个要素（时间、地点、人物、起因、过程、结果）。

（具体过程略）

3. 语言点评：针对所有文章（病句修改）

教师把课下批改后归纳出的有代表性的偏误句拿出来让同学们分析。（词语使用不当、结构搭配错误等）这些偏误句都是同学们写作中出错频率很高的句子。

（1）阿胖一蹦就爬到了车后的一大堆煤上，二话不说就躺在煤堆上休息。

修改：

阿胖二话没说就爬到了车厢里的煤堆上，躺下休息。

分析：这句话有四个问题。

A.“二话不说”应改成“二话没说”。描写的是已经发生的事情。

B.“车后”不准确，有歧义。应改成“车厢上”。

C.“一大堆煤”应改成“煤堆”。“一大堆煤”是任指。

D.“在煤堆上”删除。前面已经提到，不用重复。

（2）在路上，他看到一辆运煤卡车，就让司机停车，然后问他会不会送他到北京去。

修改：

在路上，他看到一辆运煤的卡车，就拦住车，问司机能不能把他捎到北京。

分析：这句话主要有两个问题。

A.“让司机停车”改为“拦住车”。“拦车”动作在前。

B.“会不会”改为“能不能”。征求对方可能性的意见，不是说话人主观判断。

（3）他走累了，所以找辆车而想搭车。

修改：

他走累了，所以想找辆便车搭。

分析：这句话主要有两个问题。

A.“想”管辖两个动作“找”和“搭”，要放在前面。

B.“找辆车”“搭车”啰嗦，改成兼语结构“找辆车搭”。

（4）但是行人不停地对司机说："很抱歉！很抱歉！"听后，司机不知道行人道歉的理由。

修改：

但是那个搭车的人不停地对司机说："很抱歉！很抱歉！"司机听后不知道搭车的人为什么要给他道歉。（或者：……，司机听后莫名其妙。）

分析：这句话有两个问题。

A."行人"改为"搭车的人"。因为已经上了车，要特指。

B."理由"改为"为什么"。"理由"是为了证明自己正确而找的事实根据（或借口）；"为什么"是原因，是因果关系。

（5）有一天，一个行人向运煤车的司机要求搭车。因为司机觉得坐煤上很危险，他犹豫是否让行人搭车。可是环顾周围，连一辆汽车也看不到，并且就要天黑了。那个陌生人恳求帮助，司机不得已接受了行人的要求。

修改：

有一天，一个行人向一个运煤车的司机要求搭车。司机觉得坐在煤上很危险，开始时有点儿犹豫。可是环顾四周，别的车一辆也看不到，而且天就要黑了，司机只好同意了他的请求。

分析：这句话主要有两个问题。

A."因为"去掉。这是时间线条上的描述，不用强调因果关系。

B."犹豫是否让行人搭车"改为"开始时有点儿犹豫"。"犹豫"这一心理活动已经包括"是否让行人搭车"这一内容。

四、记叙文文体介绍。（20分钟）

1.文体说明

文章体裁一般可以分为四种：记叙文、说明文、议论文和应用文。到目前为止，我们已经练习过一次说明文，应用文已经练习过启事（寻物启事、招领启事、请假条）、家信、求职信和个人简历；这次是练习记叙文。

2.记叙文

（1）记叙文介绍

一般来说，记叙文的内容包括六个要素：时间、地点、人物、（事情发生的）起因、经过和结果。当然，这六个要素的顺序并不是固定不变的。

（2）看图写记叙文

看图写作是通过对一组图画的观察、分析，展开想象，将这组图画的内容连接起来，写成一篇完整的故事。

要写好看图作文，第一步是要仔细观察图画。按照顺序对图画内容逐一进行分析，弄清图画中一共有几个人，这些人在干什么，事情发生在什么时间、什么地点，周围环境如何，这几个人物之间是什么关系，图与图之间又有什么联系，等等。在这个基础上再展开丰富的想象，使图画中的人物变活，像电影中的人物那样在不停地活动，想象出他们的语言、动作、神态、心理，想象出事情的起因、发展过程及结果，然后把所联想与想象的用文字描述出来。

（3）范文

上节课大家做了一个简单的练习，练习了如何根据图片提示写记叙文。这是一种限制模仿练习，目的是让同学们根据提示，根据自己的理解写出一篇记叙文。

下面是以前别的同学写的一篇比较好的文章，供大家参考。

（用 PPT 展示《翻车》。

翻　车

老黄很想念在北京打工的儿子，儿子一年多没回家了。既然他不能回来，那就自己去吧。老黄想搭便车去。他运气好，很快在路边搭上了一辆运煤车。煤车司机请他坐前边。老黄不好意思，决定坐在装煤的车厢里，这样就不会太麻烦别人。

煤车司机小胡是个二十多岁的小伙子，他觉得坐在煤堆上太危险，不过老黄恳求了半天，他只好同意。他专心开车，几个小时后，终于开到了目的地。小胡熟练地按下自动卸煤开关，“哗，哗，哗”，煤块像潮水一样流到地面上。

这时候，小胡突然想起了搭便车的那位老黄。他飞快地跑过去找老黄。老黄被“救”出来了。从煤堆里爬出来的老黄全身黑黑的，如果是在晚上，就很难看到他了。

小胡觉得非常抱歉，紧紧地抓着老黄的双手，说：“太对不起了，我真马虎。平时大家就叫我马大哈。”没想到老黄比小胡更惭愧：“师傅，说对不起的人应该是我啊！我不小心，把你的煤车坐翻了。”

范文点评：

这篇文章较好地体现了记叙文的特点。它是按照时间先后的顺序来讲故事的。记叙文的各个要素都很清晰：时间（“叙述时”）、地点（“路边”）、人物（“老黄”和“司机小胡”）、起因（“老黄去北京看打工的儿子”）、经过（“一路上搭车”）、结果（“车翻了”）。

文章中人物的对话、动作很多，想象力很丰富。

同学们可以把自己的文章跟它对比一下。在下面的作文中要有体现。

五、看图作文《小别重逢》练习。（35 分钟）

上节课我们做了一次练习（《翻车》），初步了解了看图作文的写作方法。现在我们要再做一次这样的练习。大家按照要求，分组讨论、写作。希望大家能写得更好。

1. 发放材料《小别重逢》。

要求：

（1）2 人一组（有一组 3 人）共 15 人（如果全勤），每组讨论一幅图。

（2）看懂材料内容；找出每幅图之间的逻辑关系；分配组员的任务（如：确定谁执笔写该幅图的内容。）。

①

②

③

④

⑤

⑥

可能用到的词语：

（1）相遇 xiāngyù

（2）醉 zuì

（3）逆行 nìxíng

（4）受伤 shòu shāng

（5）重逢 chóngféng

（6）分手 fēn shǒu

（7）快车道 kuàichēdào

（8）撞 zhuàng

（9）病床 bìngchuáng

（10）握手 wò shǒu

写前思考题：

（1）上面图中的两个人是什么关系？

（2）他俩为什么要去饭馆喝酒？

（3）两个人大概是什么时候分开的？

（4）分开后 A 发生了什么事？为什么会发生？

（5）B 发生了什么事？为什么会发生？

（6）他们又在什么地方见面了？两个人伤得怎么样？

写一篇 400 ～ 500 字左右的记叙文。（作业，课后写）

2. 分小组讨论、写作、修改、成文。

每幅图用一句话总结：先让每个小组派代表说，共同修改，总结。然后用PPT导出规范的句子，例如：

（1）有一天，AB在路上偶遇。（最好给A、B各取一个名字）

（2）他俩相约去酒馆喝酒。

（3）他俩大醉而归。

（4）A逆行撞车。

（5）B上了快车道，撞车。

（6）他俩在医院重逢。

然后，每个小组把各自图片的内容写成一段话。

3. 每个小组按图片1～6的顺序展示各自所写的内容。

每个组一个代表上台说所写内容，用投影仪展示。然后共同修改。修改以后交给老师。

4. 展示描写每幅图内容的说明。

同学们拿它跟自己写的做一个对比。下面请几位同学把自己写的内容展示一下，念一遍。

图①

有一天，我去超市买东西。半路上看到对面的一个骑车人很面熟，再仔细一看，原来是张大明，我的老同学！我们有好几年没见了。

图②

老朋友久别重逢，再没有比这更高兴的事了。我们俩走进一家酒馆，打算坐下来痛痛快快地聊一聊。虽然我的口袋里只有一百块钱，但是买十几瓶啤酒还是够的。张大明是个慷慨的人，他买了不少下酒菜，还添了两瓶白酒。男人在一起，没有白酒怎么行？

图③

我不记得我们喝了多少、喝了多久，我只记得这次相遇我跟张大明聊得很尽兴。分手的时候，我已经站不太稳了。我拍拍他的肩，说："大明，咱们好朋友，得常见面啊！"大明舌头硬硬地回答我："没问题，一定能很快再见面。"

图④

道了别，他骑车往东，我骑车往西。突然，“砰”！一辆汽车把我撞倒了！车里的人伸出头大声叫：“哥们儿，喝醉了吧？你在逆行，知不知道？”

图⑤

后来我知道大明醉得不比我轻。他骑上了快车道，在大卡车和小汽车中间穿来穿去。他觉得他不是在骑自行车，而是像小鸟一样张开两只翅膀在飞翔。

图⑥

大明说得对，我们很快又见面了，不过这次见面不是在酒馆里，而是在医院的病房里。我的脑袋受伤了，他的腿摔断了。躺在病床上，我们哪儿也去不了，只能友好地握了握手，打了个招呼。大明说："这次不是久别重逢，是小别重逢。"

六、小结、作业、下课。（5 分钟）

1. 本课小结：

今天分析了上节课的看图作文练习《翻车》；介绍了记叙文的基本写作方法；一起合作分段写了《小别重逢》。

2. 作业：

下课后请同学们根据刚才讨论的内容，进一步发挥想象力，把《小别重逢》的 6 幅图片组合起来，写成一个完整的故事。内容要更加丰富。下周四以前交。老师下次继续点评。

十二 教学后记

（一）由于教学步骤（五）3 用时过多，结果（五）4 没有来得及充分展示。

（二）本节课用的方法是"过程写作法"而不是传统的"结果写作法"。"过程写作法"只在本班试用了两三次，授课过程中还不太自然、娴熟。

教师简介

黄柏林，男，1964 年 10 月出生，讲师职称，研究生毕业。1988 年 7 月参加工作（汉语速成学院）；主要从事初、中、高级对外汉语教学和对外汉汉语教师培训工作。

教案点评

鲁健骥

（北京语言大学，教学督导组专家）

这是一份运用“过程法”教写作的教案。总体来看，教师把握住了“过程法”的特点，有几个方面运用得得当：

1. 对象适当。一般认为，“过程法”适合在中高年级的写作课上使用。本课的教学对象是速成学院E班的学生，应该属于高年级了，而且学生的大多数都来自“汉字文化圈”国家，汉语水平更较非汉字文化圈的学生要高一些，他们学习中文写作的动机更强烈一些。

2. 提出了语言的要求。“过程法”写作，本来是教本族人写作的一种方法，运用到第二语言写作教学中，其突出的特点就是在教学中在语言方面提出要求。这是根据第二语言教学的特点对“过程法”的一种变通。正如本教案所说，学生都是在其本国受过正规中等或高等教育的，在写作方面，也受过基本的训练，因此，在中文写作教学中，重点不必放在写作的技巧、方法上，而要适当地放在语言上。

3. 达到了“过程法”的基本要求。首先是激发学生的写作动机，即要通过教学使学生“要写”。本课采取看图作文的办法，引起学生的兴趣，从而产生写作的动机，这种做法是可取的，从教学效果看，也是成功的。然后是采取分组讨论的办法，使学生在未写之前，将要写的内容，按照写作的要求，做一番设计，并通过学生之间的互动，在内容上、语言上得到初步的加工。如果说这是一种“热身”的话，那么学生在此基础上写作，他们就会更有信心，写出来的文章的初稿，也更符合要求。然后是教师和学生对一部分文章的初稿从内容、结构和语言方面进行点评，使文章再提高一步。最后，教师从写得比较好的作文中，选出一篇作为范文。经过这一系列的教学活动，再写一篇形式相同的文章，作为巩固。这个过程，就是“过程法”的教学过程。

我们可以看出，从选题到写成文，是一个学生逐步提高，达到“水到渠成”的过程。这正是“过程法”写作区别于其他写作课教学方法的特点。

据我所知，我校写作课的教师，试验“过程法”的，不止黄柏林老师一人，但我只看到黄老师的这一份完整的教案。可以看出，黄老师对自己的教学是按照“过程法”的要求和做法进行了认真设计的，他的探索精神是值得称道的。

虽然“过程法”写作的引进非今日之事，但在我校进行试验却时间不长。由于还处在试验阶段，所以有些不够完善之处，在所难免。比如本教案中，有些细节，尚须进一步推敲。如对记叙文的特点和写作要求的说明，是放在写作之前，还是之后；关于记叙文的六个要素，如何体现在整个过程中，使学生学得比较牢固；语言的要求，特别是语篇的要求，如何更加明确，使之落实在学生的写作实践中。在我看来，这些都需要在今后的教学中逐步改进。

另一方面，我觉得也要适当地做一些对比的工作。对比有不同的层面，如词语的选择、句式的选择、连接手段、篇章结构、语言风格等方面，作为第二语言的中文都会与学生的母语有所不同。这是教学中要特别着力的地方。比如给了范文，应该有后续的工作，使范文起到“范”的作用，有所着落。可让学生把自己的作文跟范文做一番比较，找出自己的不足（或比范文更好）之处。

对留学生的写作教学，目前仍然较多受第一语言写作教学的影响，如何突出第二语言写作的特点，现成的经验不是很多，无论在理论上还是在实践上，还是一个很值得研究的课题。因此，目前进行的“过程法”和其他写作教学法的试验，是非常有益的探索，各位老师也有广阔的创造空间。黄柏林等老师所做的工作，已经取得了可喜的成绩，相信这样坚持下去，不断总结经验，不断改进，不断完善，写作课教学的大为改观，指日可待。

后记

2013年，北京语言大学教务处联合汉语学院、汉语进修学院、汉语速成学院，在全校范围内组织开展了“对外汉语读写课教学观摩研讨活动”。此次活动是继对外汉语综合课（2008）和听说课（2010）教学观摩活动之后，我校举办的又一次大型教学观摩研讨活动。活动期间，广大教师现场观摩，集中研讨，围绕读写课教学理论和实践展开了深入的思考和讨论，并撰写了教学研究论文。现在面向读者的《对外汉语读写课课堂教学研究》和《对外汉语读写课优秀教案集》就是此次活动的重要成果。

对外汉语系列课程教学观摩活动，从启动到现在已经有六年时间，共完成了综合课、听说课、读写课三次大型教学观摩研讨活动，先前已经出版了《对外汉语综合课课堂教学研究》《对外汉语综合课优秀教案集》《对外汉语听说课课堂教学研究》《对外汉语听说课优秀教案集》，加之本次出版的《对外汉语读写课课堂教学研究》《对外汉语读写课优秀教案集》，共6部著作，包含27篇优秀教案和75篇教学研究论文。这些翔实规范的教案和科学严谨的论文，是举办对外汉语系列课程教学观摩研讨活动的重要成果和结晶。它们的出版标志着我们的教学研讨活动达到了既定的目标：通过教学领域内的学习与交流，以教学观摩带动教学研究，以教学研究促进教学改革；利用观摩课的平台，鼓励教师在继承和发扬北语几十年对外汉语教学传统的基础上，结合当前汉语国际教育的新形势和新任务，广泛吸收国内外汉语教学的研究成果，进行教学理念创新、教学方法创新、教学手段创新，培养学生的合作学习和自主学习意识，研讨新形势下对来华留学生人才培养的新模式、新教法。

此次读写课观摩研讨活动，教务处会同校内各留学生学院，共同磋商，分工协作，相互支持。各学院领导高度重视，组织了备课小组，采用集体备课的形式，帮助开课教师反复推敲打磨。开课教师更是表现出高尚的职业道德和不畏困难的敬业精神，精心准备课上的每一分钟，保证了观摩课的教学效果。学校也成立了专家组，全程参与观摩和研讨，并对所有开课教师的观摩课进行了高水平的点评。专家一致认为，九位教师的观摩课体现了北语一贯秉承的教学理念和教学原则，有继承、有创新、有特色、有亮点，达到了预期效果。教案集的水平达到一流，论文集收入的23篇论文也都注重理论联系实际，在教学方法、教学原则、教学改革等方面提出了真知灼见，促进了汉语国际教育的理论与实践研究的创新和发展。

2012年，以此活动为蓝本的“汉语国际教育教师发展的实践探索”项目荣获北京市高等教育教学成果一等奖。该成果在教师专业发展和培养模式上探索出一条有效之路。在此我们向先后参与对外汉语系列课程观摩研讨活动的所有教师表示由衷的感谢！同时感谢杨惠元、鲁健骥、崔永华、陈贤纯、刘希明、陈田顺、姜丽萍、张黎、周阅、郭鹏等诸位专家的鼎力支持！感谢汉语学院原副院长赵菁、汉语进修学院原副院长张辉、汉语速成学院陈军副院长的默契配合与大力支持！也感谢参与策划、指导和组织此项活动的各位领导和同仁，他们是：崔希亮校长，韩经太教授（原副校长），曹志耘副校长，刘伟副书记，校长助理张旺熹教授，组织部长兼人事处长吕静老师，预科教育学院翟艳院长，教务处周韧、李晓波、尚英等老师。最后还要感谢北京语言大学出版社张健总编辑，以及王亚莉、付彦白、刘艳芬、袁久强等编辑对本系列书出版给予的大力支持。

对外汉语教学系列课程的观摩研讨活动作为教务处的一项重点工作，将持续开展、深入完善，并力争打造北语汉语国际教育研究和教师专业发展的知名品牌。最后，我们也欢迎学界专家和广大读者对这套丛书提出宝贵意见，帮助我们取得更大进步。

北京语言大学教务处

2016年1月